大宋群星闪耀时

上册

陈望北 著

开明出版社

图书在版编目（CIP）数据

大宋群星闪耀时 / 陈望北著 . —北京：开明出版社，2023.3（2024.2重印）

ISBN 978-7-5131-7783-2

Ⅰ . ①大… Ⅱ . ①陈… Ⅲ . ①中国历史—宋代—通俗读物
Ⅳ . ① K244.09

中国版本图书馆 CIP 数据核字（2022）第 221382 号

责任编辑：卓　玥

书　名：大宋群星闪耀时
出版人：陈滨滨
著　者：陈望北
出版社：开明出版社（北京市海淀区西三环北路 25 号青政大厦 6 层）
印　刷：保定市中画美凯印刷有限公司
开　本：710mm×1000mm　1/16
印　张：36.5
字　数：505 千字
版　次：2023 年 3 月 第一版
印　次：2024 年 2 月 第二次印刷
定　价：98.00 元（上下册）

印刷、装订质量问题，出版社负责调换。联系电话：（010）88817647

推荐序

　　庚子之春，大疫之岁，度日如年。得读望北的《大宋群星闪耀时》，始有春风拂面之快。

　　以通俗的语言书写宋史是一大功德。用历史学家蔡东藩先生的话说，《宋史》"繁且芜"。《辽史》116卷，《金史》135卷，而同时期的《宋史》却多达496卷，即使读者有心有闲，没有一年半载想读完也是很难的，何况古文艰涩，通俗为难；把人物故事梳理清楚，演绎成大家都爱看的文章尤难；而能以独特的视角、幽默的语言、辛辣的点评将宋人的故事讲得绘声绘色，更是难上加难。望北的这本《大宋群星闪耀时》却做到了，可以鼓掌。

　　望北工学出身，身兼编辑、科技专栏撰稿人之事，有稽古济世之心，丰富的学习与从业经历又促成了他简洁、幽默、独特的文字表达方式和叙述风格，其思其想可在古代与现代、古人与今人之间自由切换，于是钩沉索隐，文如泉涌，平实亲近，风趣幽默，读其书如听邻家少年说《拍案惊奇》，不觉忘其年少，为之神往。

　　揣摩宋人言行举止的心理基础，探索其内心世界，为读者挑开蒙在历史人物头上的神秘面纱，而究其千秋功罪，才是本书之深意所在，而每每以他词遮掩之，可看出是作者之趣。譬如"宋人好酒"一类文章。太祖赵匡胤"杯酒释兵权"；下邽名士寇准"性豪侈，喜剧饮"；真宗赵恒"饮量无敌，近臣无拟者"；能发出"先天下之忧而忧，后天下之乐而乐"之叹的文章大家范仲淹，在《岳阳楼记》中亦不忘"把酒临风，其喜洋洋"；

经过"乌台诗案"的苏轼仍能写出"把酒问青天，不知天上宫阙，今夕是何年"的千古名句。作者发现并且畅快淋漓地提出了宋人与酒的关系问题，屡屡将酒拿出来说话，讲的是酒在宋人生活中的地位，说的是千秋功罪，然而又用情趣遮掩之。这样的书写，就超出了"夜饮东坡醒复醉，归来仿佛三更"的境界，其中的微言大义，读者可以掩卷罢杯而思之。

还要说到通俗。自古文章体例即有雅俗之辩，所谓阳春白雪，和者盖寡，其实亦可以另作一说。即如一部中国文学史，从《诗经》到如今，由俗入雅，再由所谓雅入俗，走的基本上是"从其所欲焉"的路数。不管如何，书都是写给人看的，"阑干拍遍，无人会，登临意"，意境是很美的，但从传播学的角度看是不可能理想的。本书作者意在通俗，全书不用艰深晦涩之句，不设乱花迷眼之局，只以讲出好听好玩的故事为念，时为工笔，时为写意，时为大方之言，时为曲巷俚词，信手拈来，信手掷去，将一件件严肃沉重的历史事件写成一段段令人捧腹的故事，令人轻松读之，一笑罢之，回首念之，似有得焉。天下文章的未来，岂在此"通俗"二字之间乎？

《大宋群星闪耀时》出版在即，望北盛意邀请我写一篇序。不揣愚陋，絮语如右。

朱秀海

2020 年 5 月 6 日

自序

　　疫情之初，移居纽约曼岛，应航司要求，所携行李筐笥少之又少，书不过三五卷，惟司马光《涑水记闻》、孟元老《东京梦华录》、张岱《夜航船》和林语堂《苏东坡传》等。遂每每流连于曼岛旧书肆，竟日翻检，弓腰驼背，不惧尘灰，恰似南加州北徙之拾荒老叟耳。一日，偶得《李太白全集》残本，始觉吾亦有小作《大宋群星闪耀时》未竟，于是匆匆捉笔续之，盼不伤诸君殷殷之情。

　　史家有言"北宋无将，南宋无相"。北宋名相自不可胜计，治国理财、经世致用，有如赵普、寇准、王安石、吕惠卿者；文章著世、彪炳千秋者，有晏殊、欧阳修、范仲淹、司马光等；名动一时、泽及后世，有如韩琦、富弼、曾布者。然，终北宋一朝，享国一百六十余载，北有强辽，西有悍夏，吐蕃、大理、交趾诸酋亦环伺西南，若无贤明练达之将、能征善战之辈，岂能存续哉？赵宋鼎革于五代藩镇割据之中，肇始于契丹党项全盛之时，太祖太宗数次龙御胡地，亲征北狄，我国封建帝王惟唐太宗远征高丽、明成祖北伐残元可比。是时，武将如慕容延钊、石守信、潘美、曹彬等皆是当世军界名宿。及至仁宗神宗哲宗徽宗诸朝，狄青、王韶、种世衡、章楶、种师道等亦平番灭酋，力保社稷，功勋卓著。狄青屠北羌、灭南蛮，创北宋武将授节钺之先河；王韶收河湟、抚诸狄，拓边两千余里；章楶三战三捷，平夏一役几灭夏祚，夏不复能军。然则，澶渊之战，宋强辽弱，为何结城下之盟？平夏一役，逐夏漠北，为何许以赐币议和？非军力不逮，实善仁治、图实利哉。此中旧事，本书亦有所涉，望诸君析之辩之。

宋室尚文，北宋一朝，文名著于天下，流传后世者，灿若繁星。除上述晏殊、欧阳修、范仲淹、王安石、司马光等枢密相公，亦有三苏、四学士、苏梅等以文章登馆入阁，备位中书。还有，宋初李璟李煜父子词作流世，曾巩独掀临川文章之风，张载程颢程颐创万世理学之宗，柳永奉旨填词，"有井水处，皆能歌柳词"传为佳话。行文至此，忽忆《事实类苑》中记一故事，从中可窥宋人好柳词之一斑，略录如下，以飨诸君：

邢州开元寺僧法明，落魄不检，嗜酒好博。每饮至大醉，惟唱柳词，乡人莫不侮之。或有召斋者则不赴，有召饮者则欣然而从。酒酣，乃讴柳词数阕而后已。……一日忽谓寺众曰："吾明日当逝，汝等无出观吾往焉。"众僧笑曰："岂有是哉？"翌日晨起，法明乃摄衣就坐，遽呼众曰："吾往矣，当留一颂而去。"众僧惊愕，急起以听，法明曰："平生醉里颠蹶，醉里却有分别。今宵酒醒何处？杨柳岸晓风残月。"言讫，跏趺而逝。

赵宋官家开明，格局宏远，对朝臣俊秀著书立说多不加干涉，更无后世明清"文字狱"之事，故文人贤士多录当朝见闻野趣，集之成册，刊行于世，如《涑水记闻》《铁围山丛谈》《齐东野语》《枫窗小牍》《书史会要》等。如前法明和尚故事，所录甚多，读之或喜或忧或怆然或捧腹，非《宋史》《资治通鉴》等正史所能及也。余作此书中人物、故事，多以正史为本，杂《涑》《铁》《齐》《枫》《书》野谈于其间，有所拣选，有所突出，时而裁抑，时而揄扬，再加个人想象重新塑造，遂成此宋人庙堂江湖之风流往事。余尝思之，或因宋人著书藏书甚巨，汗牛充栋，方刺激书刊印刷技术之进步。此不在本书讨论之列，故一笔带过，聊作话外音。

旧时读书，尝记一典故，已忘何处载之，但云：一作者病逝，魂归酆都，见有广屋数间，列坐各殿阎罗，袍笏俨然。阎罗覆勘断案，偷盗淫乱烧杀抢掠之鬼，或刵耳劓鼻，或敲肘到趾，或火烤油烹。该作者窃喜，吾在阳间一生方谨，著书立说，不事欺诈，定可以投胎为人。不想，阎罗断毕，怒不可遏，令左右鬼役将其拖入十八层地狱。该作者大呼冤枉，苦求拯拔，道："小民从未做谋财害命、宰畜屠牲勾当，上不漏国税，下不蠹民生，奈何堕入此脱皮露骨、折臂断筋、刀锯斧劈、千年难释之道？"阎罗怒道："偷盗淫乱欺善凌弱之徒，无非害一人。尔所著之书，立论荒谬，巧言令色，工于教唆，荼毒何止千万人。此等恶籍，尔冤乎？"遂令鬼役将其推下。

本人一向拖延，续写此书，时作时辍，行将一年，即行付梓，心实惴惴，恐以斗筲之才，不足堪此任，遗毒诸君，堕入那十八泥犁之途。呜呼！幸有编辑耳提面命，谆谆指导，方不至谬误连章、舛讹盈卷，窃思冥罚应可免也。喜哉！

书稿杀青，自序已毕，顿感轻松，偶望窗外，Queens桥头，西风正劲，冷雨叩窗，木叶萧疏。以书佐酒，常忆家中老母弱妻稚子幼女；栖霞品茗，或思家国明月山川庙堂江湖。于此附记一片拳拳之情。

2022 年 10 月 19 日凌晨于纽约

目录

卷一 ◎ 宋太祖赵匡胤

卷二 ◎ 宋太宗赵炅

卷三 ◎ 宋真宗赵恒

卷一

宋太祖赵匡胤

苗神医，你来抓我啊！

1

五代十国的后周时期，有位神医，名叫苗训。苗训是地地道道的山西潞城人。

那个时候，中原连年战乱，皇帝换了一茬又一茬。老百姓的日子很不好过，好不容易饿着肚子种了一年庄稼，到了秋天可以收割了，一队扛着刀枪的大兵过来，三两下就把你的粮食收走了，你能拿着锄头跟拿着刀枪的人干架吗？

所以，大家都很饿，都很穷！

苗训年轻的时候混得也不怎么样，经常是吃了上顿没下顿。

饿得皮包骨头的苗训为了解决自己的温饱问题，想出了一个好主意——出家当和尚。

当和尚不但可以不劳动，还能堂而皇之地要饭吃，最起码不会饿死。如果运气好，说不定还能混个国师、上师什么的干干。

于是，打定主意的苗训开始挨个寺庙地跑关系。

但是，请客送礼了一圈，苗训才发现庙里面早已人满为患。做和尚的指标早就被其他人占满了，根本不给他出家做和尚的机会。

饿得前胸贴后背的苗训没有办法，得了，当不了和尚，去当道士也行啊！

万般无奈之下，苗训只好跑到华山，找到当时的世外高人陈抟老祖，磕破头皮，非要拜人家为师！

史载，陈抟"有经世才，能辟谷，一睡三年"。

这在当时那可是神仙一样的人物。他不仅精熟方舆，有"凌空蹈虚"之法，而且晓畅兵略。天底下的那些将领们有事没事就跑到华山上去找他算一卦。

刚见到面黄肌瘦的苗训，陈抟并不想收这个徒弟——这孩子连自己都养不活，怎么交得起学费？

毕竟，现在兵荒马乱的，寺庙的香火钱本身就少，多招一个徒弟就多一张嘴。我凭什么教你知识，还要养着你啊？

可是苗训不干，赖在门外不肯走。

也可能此时的苗训不是不想走，而是实在太饿了，走不动。陈抟见过难缠的人，可没见过苗训这么难缠的。

被逼无奈，陈抟老祖只好收留了苗训。

好在苗训也聪明，在山上多年，不仅学得满腹经纶，还学会了一套经天纬地、相面堪舆的本领。

2

学成之后，苗训下山，回到家乡。

但是，山上学的那些"权、术、忍、机、谋"在老家也用不上，苗训只好在城里摆地摊相面、看风水，兼职看病卖膏药！

苗训相面的主业不精，但看病的副业经营不错，再加上乐善好施，逐渐在乡里积攒了些名气。

于是，大家都热情地称呼他为"苗神医"。苗神医不仅善医，而且善于自我包装——不管冬天夏天，苗训手里都拿着把羽毛扇，有事没事扇两下，再加上那身医生的白大褂，颇有当年诸葛亮蛰伏隆中"羽扇纶巾"的意思，还有"陈抟老祖亲传弟子"这个身份的加持，不久，苗神医的这种包装就收到了成效：很多将领慕名而来，想把他收到自己帐下。

可是，这些邀请都被苗训一一回绝。

就这样，苗神医虽然名声在外，却久不出山。

3

这日，苗神医遇到了大麻烦。

一个壮汉拉着平板车载着一具尸体堵在了苗训的医馆门口，而且口中不停叫嚷，苗训把他弟弟医死了，要赔偿，否则就告官把苗训抓起来。

不久，医馆门口就聚集了一大群人，敲锣打鼓地说要见老板。医馆里的小学徒们哪见过这场景，都吓坏了，不敢出来。

苗训作为医馆老板，自然不能后退，又仗着自己有口有才有技术，非要跟来人有理有据有节地理论："你们是不是闹错地方了？我根本没见过你弟弟！"没想到对方是一个不讲理的主儿，争执之中居然一把火把医馆给烧了。

更气人的是，来人烧完医馆并不算完，还破口大骂说苗神医徒有虚名，医死人不承认。

坑人坑惯了的苗训今天被人给坑了，他哪受过这等气？于是，苗训抄起门口的扁担就追了出去。

那人却一点都不怕，跑跑停停，还不忘回头挑衅："苗神医，你来抓我啊！"

就这样，壮汉在前面跑，苗神医在后面追，一直追出去十几里地，眼看进了一座军营……

4

军营不大，但中心大帐内的人却坐得规规矩矩：两边坐着一些军头，中间坐着一位年轻的将军。

壮汉一直引着苗训到了大帐中，才停下来。

上气不接下气的苗训赶了过来，操起扁担正想打那个壮汉，壮汉和那将军却哈哈笑了起来。

苗训正不知所措的时候，年轻将军走过来，操着一口流利的河南口音对苗训道："苗神医，俺跟这帮人打赌，说能让你自己跑到俺帐中来效力，怎么样？俺赢了吧！"

话音刚落，他又冲着周围那些军头道："愿赌服输啊！石守信、王审琦，你们几个一会儿别忘了把钱送过来啊！"

苗训这才明白，原来这位将军给自己布了个局，拉自己来入伙的。

气不打一处来的苗训转头就走，胳膊却被那个年轻将军一把抓住："怎么？苗神医，还想回去？医馆烧了，学徒、帮工都给你遣散了。现在你还背着人命官司，回去就得吃几年牢饭。不如就此加入我们，兄弟们一起大块吃肉，大口喝酒，岂不逍遥？"

听完年轻将军的话，苗训扑通一声跪在地上，顿足捶胸道："这是什么世道啊……"

就这样，苗训加入了年轻将军的队伍。

这位年轻将军有一个响亮的名字——赵匡胤。

"黄袍加身"：兵马未动，舆论先行

1

公元 960 年，后周。大年初一。

年富力强的皇帝柴荣年前刚龙驭宾天，年仅六岁的新皇帝柴宗训登基。此时，整个皇宫都沉浸在一片欢乐祥和的氛围中。

谁都没有想到，正在这时，边境镇州（今河北正定县）、定州（今河北定县）突然传来战报：北汉联合辽国正大肆进军边境，速发兵救援！

此时，后周的实际掌权者是符太后和宰相范质。范质是一个文笔颇佳、出口成章的老文人。

听到边境警报，年轻的太后和皇帝只好找范质商议对策。

范质身为文人，和他清谈圣人文章、治国理政还行，但要和他讨论如何行军打仗，那就白扯了。

所以，不谙用兵之道的范质立即想到了一个人——赵匡胤。

2

赵匡胤，此时担任后周皇宫禁军的总司令——"殿前司都点检"。

作为宰相，范质每天出入皇宫，他接触最多的将军就是身为殿前司最高统领的赵匡胤，见到最多的士兵就是殿前司这群为皇帝站岗的卫卒。

他听惯了身边这些兵油子对赵匡胤赞不绝口：赵匡胤如何的忠勇无双，如何的勇冠三军，如何的用兵如神，反正天下所有的赞美之词都不足以表达这群兵士对赵匡胤的崇拜。

所以，刚一听到敌兵入寇，甚至来不及考究军情的真伪，范质立即急不择言地向皇帝和太后建议：起用赵匡胤做全军统帅，北征！

也许，赵匡胤等的就是这一天。没有任何耽搁，接到任命诏书的当天，赵匡胤就点齐各将，大年初二就出发北征了。

3

此次北征，赵匡胤的人事安排如下：

先锋——慕容延钊（赵匡胤的发小），先行出发；

殿前司总指挥——石守信（赵匡胤的"铁粉"），留守皇宫；

骑兵部队——高怀德（赵匡胤的好兄弟，此时正和赵匡胤的妹妹谈恋爱，以后就是赵匡胤的妹夫了），带领骑兵走在前面；

步兵部队——王审琦、韩重赟（赵匡胤的拜把兄弟），两人分别带领两路步军，前后兼行；

其他——张令铎、张光翰（张令铎的直系下属）等分领各军紧随其后。

还有一个最重要的人物，这次军事行动的总参谋长、书记员，就是那位不读书、会当官，号称"半部《论语》治天下"的赵普。

这么一支以赵匡胤为首，由其亲随、亲戚、发小组成的后周最庞大的军队，浩浩荡荡地向开封外的陈桥驿行来！

4

赵匡胤的大军还未出城，开封城中就已经传开了，说当年柴荣北伐之时得到一块方术，上书"点检做天子"五字，预示着上天要让赵匡胤做皇帝。说实话，此种做法太过拙劣。

秦末的时候，陈胜、吴广在起义之前，就曾经把写有"陈胜王"的字条塞进一条渔民捕到的鱼肚子里面。当时的人没有文化啊，剖开鱼肚子的时候发现了字条，他们就以为是上天安排陈胜造反的。于是，陈胜"顺天意"，揭竿而起，一呼百应！

可是一千多年之后，赵匡胤重新玩起这个把戏，却仍旧迷晕了后周的老百姓。这么看来，当年造反还是挺容易的，毕竟老百姓读书不多啊！

赵匡胤更是充分利用工作便利，将"点检做天子"的偈语在城中的老百姓之间传得神乎其神，但宫中的皇帝、太后，甚至宫娥、太监都一无所知。

5

边境战况紧急，赵匡胤的大军走到距离都城不足百里的陈桥驿却停了下来，不走了！

赵匡胤摆摆大手，说："兄弟们辛苦了，今晚暂且扎营于此，明日再行军！"说完，他居然领着一帮将领进帐喝酒去了！

这时候，一位神仙一样的人物登场了！这位神奇的人物，就是前面所说的苗训。

苗训被赵匡胤诓入军中，聘为军师。因为懂得一些五行八卦、奇门遁甲的把戏，军中将士都称他为"苗神仙"。

话说这天黄昏，苗神仙没跟着赵匡胤去后帐喝酒，而是在军营外面走来走去，时不时地看看天，口里喃喃低语。

大家不禁纳闷，这苗神仙是怎么了？今天看着怪怪的，已经在这里走了一个时辰了！

最后，赵匡胤的近侍楚昭辅实在看不下去了，他走到苗训旁边道："我说苗神仙，大家都去喝酒了，您怎么不去？在这里看什么呢？"

苗训回头看看楚昭辅，双手插到袖管里，又看了看天，一脸神秘地道："将军是点检亲随，不瞒将军，您看看那天空，是不是有两个太阳？"

楚昭辅顺着苗训的指点看去，果然天空中一高一低有两个太阳。

其实，现在大家都知道，这种同时出现两个太阳的现象很常见，其实就是一种光线折射现象。

但在当时，老百姓没文化啊！楚昭辅见状十分惊异！

苗训接着说："将军有所不知。这预示着大周气数已尽，我们点检赵将军将顺承天意，得天下了！"

楚昭辅是个莽汉，一听此话，自然深信不疑！

于是，他又把苗训的话传给其他将军，一传十、十传百，再加上原来军中、都城中传的谣言，这下大家全都信以为真！

6

"天有二日"的传言很快传到了赵匡胤的铁哥们高怀德的耳朵里。

高怀德是后晋齐王高行周的儿子，从小就勇猛过人，年仅二十岁就随父从军，并屡建奇功。此时高怀德是后周侍卫司的马军都指挥使，后来成了赵匡胤的妹夫。

苗神仙的话，高怀德早就听说了。他不但没有禁止，甚至还有意无意地鼓动士兵传播。

后来，他看时机差不多了，就把所有的将领叫到自己的营帐。"兄弟们，我有个事想跟大家商量商量。"高怀德坐在台上，摩挲着手里的军刀，缓缓道。

下边人都不傻，大家都是从底层一步一个脚印上来的，啥场面没见过。一看高怀德手里的刀，大家就都明白了。于是，大家一起起哄："什么事高将军说就是，兄弟们都听着。"

高怀德嘿嘿一乐，继续道："现在突临大敌，接下来我们要抛妻弃子远赴疆场，可能有的人就再也回不来了。但是，现在皇帝年幼，等他长大了哪里还记得我们这些为他抛头颅、洒热血的将士啊？不如我们现在拥立点检为皇帝，再决定北征，大家意下如何？"

高怀德是什么人呢？他是正经的"军二代"，在军中人脉众多，而且战功赫赫、飞扬跋扈，不管对谁只要一言不合就能拔刀相向。现在他提出了要拥立赵匡胤为天子，谁也不敢吭气，怕还没说出"不"字就被他一刀砍成两截。

再看军中这几个将领，除了高怀德的几个死党，就是"义社十兄弟"那帮老哥儿们！赵兄当了皇帝，还能亏待我们？

于是，大家把目光转向了旁边的赵匡义——赵匡胤的亲弟弟（日后的宋太宗）。

意思很明白，这是你家的事情，你怎么看？

赵匡义此时心里正乐开了花，如果自己的哥哥当了皇帝，自己一下子就成皇亲国戚了！

但是，这种事情决不能让人看出来，否则有一天被人抓住小辫子，会被那些史官们骂个狗血喷头。

这就难了！说也不敢说，不说吧，一旦黄了，估计会死无葬身之地。这种棘手的事情看来只有一个人能办得了——赵普！

赵普虽然平时读书少，科考成绩也不行，每次考试都不及格，但是头脑灵活，"能断大事""参谋缔构"。

于是，赵匡义碰了碰旁边的赵普："赵参谋啊！你平时足智多谋，号称点检的军师，你认为应如何处理呢？"

赵普暗想，这还用商量吗？高怀德手里的刀就是答案。

不过想归想，话不能这么说。于是，赵普轻咳几声，组织了一下语言，朗声道："这还有什么话说？现在主少国疑，不能服众。点检大人功高盖世，不立他为天子，还有何人能堪当如此大任？"

赵普的话还没说完，高怀德就大喝道："还在想什么？我们都是点检大人提拔的，现在大周一半的军队都在咱们手里。点检大人做了皇帝还会亏待大家？就这么定了。"

于是，高怀德、赵普等人找了件黄袍，径直闯进赵匡胤的卧房！此时的赵匡胤正在假装睡觉，军营中发生的一切他都一清二楚。

高怀德冲到赵匡胤身边，把黄袍披在他的身上。大家纷纷跪地，山呼万岁！

赵匡胤忙从卧榻上翻身而起，装作毫不知情的样子道："你们这是干什么？"赵匡义忙把军中发生的一切详细禀明。

赵匡胤听罢连连摆手，说："不干不干，我就是个军头，喝酒、打架还行，当皇帝可干不了。"史曰，"太祖固拒之"。

高怀德一听，嘿嘿一笑："黄袍都穿上了，你还能不干？你不干，到时候周朝小皇帝知道了，咱们都得死。"

赵匡胤又假意推辞了几下，最后还是决定"屈从众志"，登基成了皇帝！

新官上任"两"把火

1

赵匡胤坐在龙椅上，下面跪着一群昨天还和自己称兄道弟的哥儿们，心里似乎有些紧张。

当年自己和已故的周世宗柴荣也是好哥儿们，两人一起从军、意气相投，柴荣临死前甚至把大舅哥张怀德的侍卫禁军一把手的官职给了赵匡胤，就相当于把江山托付给了他。没想到，才一年不到，赵匡胤就篡周自立了。现在虽然自己坐在皇帝的龙椅上，可谁知道底下跪着的这群军头们究竟在想什么。

再说了，柴荣还有两个铁杆儿，一个是"西北王"李筠，一个是"淮南王"李重进。

李筠现任昭义军节度使，驻守潞城（山西太原），在周朝的官位和赵匡胤的殿前都点检一样大。他是柴荣的好哥儿们，两人情同手足。而且，李筠手上有十几万西北军，这些军队大都是当年跟着柴荣一起出生入死进军北汉的嫡系。他们听说赵匡胤篡周建宋，个个义愤填膺，节度使李筠更是暴跳如雷，发誓要挥师勤王。

另一个是周世宗柴荣的表兄，曾追随柴荣收服南唐、北伐辽国，战功赫赫的李重进。他的手下不仅有十几万的淮南军，而且曾经在中央军的侍卫亲军担当侍卫都指挥使多年，无论在禁军还是在侍卫亲军中，很多他当年的部下如今都已是独当一面的大将。只要李重进登高一呼，各藩镇的节度使们就将云集响应！

有这两人在，坐在宝座上的赵匡胤心里总没底儿。"新官上任三把火"，赵匡胤决定先烧两把，把这二位给解决了。

2

李重进不傻，作为前朝的皇亲国戚，他知道赵匡胤绝对不能容他，但要真打起来，就凭自己手底下的这些人，很难打赢兵多将广的赵匡胤，所以他决定联络大西北的李筠一起出兵。

可是，要想联络李筠并不容易，需要从江南一路北上，跨过赵匡胤的防区中原地带，再一路西行。这一来一回就是上万里，没有飞机、高铁，单凭马匹不停地跑，起码要个把月的时间。

所以，必须选一个熟悉地形，口才出众，又对李筠熟悉的人才能担此重任。

很快，一个人进入了他的视线——翟守珣！

翟守珣，"重进亲吏"，即是李重进的心腹、自己人。这么重要的事情，不派自己人去还能派谁去？于是，接到李重进要自己联络李筠出兵的命令后，翟守珣天不亮就上路了。

可是，李重进没料到的是，翟守珣不仅是自己的心腹，还是赵匡胤的好朋友。

史曰，"守珣素识太祖"，原来翟、赵二人早就认识！"双面间谍"翟守珣从扬州出发，渡淮水，一路北上。刚进河南，翟守珣就不走了，拐了个弯，直奔汴梁开封而去。

到了开封，翟守珣跪倒在昔日大哥赵匡胤的面前，把李重进要联络李筠一起进攻开封的事情和盘托出，最后还献上了李重进的屯兵布防图！

坐在崇明殿上的赵匡胤握着翟守珣的手，动情道："翟兄啊！我们小时候就整天一起摸爬滚打，想不到你这么念旧情，把这么重要的信息告诉我。你在开封多待几天，好好享受一下都城的大好风光，喝喝酒，逛逛街。然后，你再回李重进那里，一定要劝说他暂缓进军，等我料理了李筠，再回头找他算账！"

翟守珣哪里受到过这般高规格的接待，都城里的花花世界更是让他流连忘返，所以他做了一个重大的决定——以后就跟着赵匡胤干了！

过了几天，急于立功的翟守珣就回李重进那里继续当间谍了！

送走翟守珣的赵匡胤坐在大殿之上，心里依旧惴惴不安——不知道翟守珣这小子靠不靠谱，毕竟他能出卖李重进就也有可能出卖我！

于是，赵匡胤大手一挥，决定再发一个大招——召陈思诲来见我！

3

其实，翟守珣这小子倒也老实，回到李重进那里后，极言李筠的坏话，说这小子不行，根本不是真的想勤王，而是想自己当皇帝。而且，他实力不济，士兵都是老弱病残，用的兵器更是破破烂烂，完全就是一群乌合之众，和这人共事早晚得败。

李重进这下有点儿不知所措了。

他开始暗自庆幸，幸亏自己没有急于起兵，否则李筠这么一个合作对象岂不把自己给害了！

恰在此时，赵匡胤的使臣来了！

这个人就是陈思诲，他带着一支超豪华的庆贺队伍来到李重进的营中。陈思诲曾经是李重进的直系下属，当年跟着李重进围攻过寿州。

李重进还没来得及决定是不是要见陈思诲，轻车熟路的陈思诲却已经闯了进来。刚一见面，陈思诲就扑通一声跪下了，一把鼻涕一把泪地道："大帅，恭喜啊！"

李重进一时丈二和尚摸不着头脑，怔在那里。

"思诲，何喜之有啊？"

陈思诲用袖子把鼻涕眼泪擦了，从怀里拿出一块被体温捂得发热的铁疙瘩，递给旁边一脸茫然的李重进。

"此为何物？"李重进疑惑道。

陈思诲这才从地上站起来，道："大帅，这是当今圣上赐给您的丹书铁券！圣上知道您是忠勇之辈，特赐给您丹书铁券，发誓永结秦晋之好，永不相负！有了这丹书铁券，不仅可以保证您今生荣华富贵，而且可以封妻荫子，世代享有尊荣！"

陈思诲一面说，一面斜眼看李重进的反应。

此刻的李重进心里一阵热一阵冷，脸上也是一阵红一阵白。陈思诲一看，得，这事儿成了。

果然，李重进的勤王计划戛然而止了。

4

公元 960 年，赵匡胤初建的大宋朝迎来了第一场大规模战争！

这年，周世宗柴荣的好兄弟、西北王李筠联合北汉军队南下攻宋，连克泽州、长平数镇，一时无人可挡。

李筠的威名雄震西北，有他在，后周从来没受到过北汉和辽国的威胁。不过，李筠是一个好的统帅，却不是一个好的战略家！

攻陷中原重镇长平之后，有人向李筠建议，东面的王师甲兵精锐，战斗力颇强，我们一时难以取胜，不如西下太行山，占据虎牢关，据守洛阳，建立一个稳定的敌后根据地，再与赵匡胤争夺天下。可以说，这是一步稳扎稳打的好棋！

洛阳自古繁华，位为唐朝东都，扼守中原富庶之地。一旦占据洛阳，进可逐鹿中原，与赵匡胤一决高下；退可守太行，保存实力，伺机而动。

可是，连下数镇的李筠被胜利冲昏了头脑，他断然拒绝了该建议，决定放弃后方重镇洛阳，继续挥师东进。

而此时的赵匡胤终于完成军队改编工作，决定兵分三路亲征西北：

第一路由石守信为统帅、妹夫高怀德为副统帅，二人领兵先行出西路进攻长平。

第二路由慕容延钊、王全斌带领出东路进攻泽州。

最后一路，赵匡胤亲自带领禁卫军作为策应。

赵匡胤的这一次战略部署，东西夹攻，适时而动，分路出击，堪称完美！西路大军在石守信、高怀德的带领下，一路长驱直入，与李筠的昭义军遭遇于长平城下。

石守信、高怀德显然低估了李筠的实力，两军刚一交锋，原本人数占据绝对优势的宋军就被对方冲击得七零八落。

翌日再战，石守信、高怀德依旧无法取胜。

正在这时，慕容延钊突然带兵赶到，杀了个李筠措手不及，等他反应过来，军队已经溃散了。李筠只好带兵退入大会寨。

石守信、高怀德、慕容延钊三军汇合同攻大会寨，可是连攻数日不但没有拿下，兵士反而损失了不少。

无计可施的三人商议，王全斌此时正带领东路军进攻泽州，如果泽州攻下，大会寨就会丧失供给，军士肯定会出现哗变，不如在这里以逸待劳，等等王全斌的消息。

可是又等了数日，依旧没有泽州沦陷的消息，倒是寨顶李筠的昭义军个个生龙活虎，气得高怀德暴跳如雷。原来，李筠的西北军实在太强，王全斌带领的东路军在泽州围了数天，硬是没能打下来。

这时候，小说中经常出现的戏剧性一幕上演了。

先是高怀德、慕容延钊两人在寨外搦战，说是搦战其实就是互骂。脾气火爆的李筠哪受得了这等谩骂，迅速开关与高怀德、慕容延钊战到一起。

很快，高、慕容二人佯装不敌，带兵退去。

正杀得起劲的李筠哪肯放过，骑马带兵奋力追赶。刚追了五六里地，突然石守信带兵从旁边杀出。高怀德、慕容延钊等人也勒马带兵杀个回马枪。

李筠的大军终于溃败，纷纷往大会寨退去。故事到这里还没有结束！

等李筠冲到寨下一看，大会寨已经被攻破！无路可退的李筠只好退回泽州。

原来，王全斌带领的东路军见实在无法攻下泽州，无奈退回与石守信合兵一处，正巧遇见李筠带兵出战，于是不费吹灰之力地占领了大会寨。原本颗粒无收的东路军万万没想到刚到大会寨居然捡得这么一个大便宜！

此时，赵匡胤也带着数万王师赶来，三军汇合一处，一起杀向泽州。

而李筠手里面的数万西北军已经被高怀德、慕容延钊围歼于大会寨外，与他一起起兵的河阳节度使范守图亦被王全斌生擒，现在只有老家潞城还有几万大军可供调遣。军中将士都劝李筠夜缒出城，逃往潞城，手里有那数万大军定能东山再起。

可是李筠却不忍舍下泽州的将士独自逃生，泽州城南门一破，他便命令士兵出降，自己则跑回家中，一把火自焚了！

5

公元 960 年六月，后周忠臣李筠自焚殉国，西北收复。这时候，赵匡胤终于可以腾出手来收拾"淮南王"李重进了！

十月，赵匡胤亲自带兵进攻淮南。赵匡胤大军顺风顺水，一路收复沿岸各州，迅速从河南抵达泗州。

两日后，泗州沦陷。

又两日后，十万宋军抵达扬州城下。此时，扬州的驻军不及万人。李重进这才意识到自己上当了！

原来翟守珣根本就没有到潞城，而是半道去了开封；陈思诲送来的那个铁疙瘩，更是没有任何用处！

有人建议，把翟守珣和陈思诲先杀了再说。李重进摆摆手说："算了，杀了两人又有何用，我本周室旧臣，理应为国尽忠。"说罢，李重进也和李筠一样，命令士兵投降，自己则点了一把火自焚了！

眼看天下掌兵最多、最能打的两个人都死了，那些蠢蠢欲动的各方节度使们这才消停下来，现在的赵匡胤才算真正坐稳了那把龙椅。

"杯酒释兵权"：做皇帝的兄弟难

1

这天，散朝后，皇帝赵匡胤突然叫住了石守信，小声道："石卿，你通知下兄弟们，晚上来宫里聚聚！"

石守信立即会意——还是自己兄弟当皇帝好啊，没那么多事，白天严肃是做给那些个鸿胪客卿们看的；晚上没人了，大家还是兄弟，该喝喝，该吃吃。

于是，他冲皇帝做了个"我懂"的手势，回道："没问题，我会把兄弟们都约过来。"

官家请吃饭，没有人请假。除了石守信，还有那个在"陈桥兵变"中磨刀的高怀德，还有王审琦、李继勋……"义社十兄弟"一个没落，该来的都来了。

大家都是玩刀出身的，战场上相互帮帮，酒场上互相捧捧，这一喝就容易多了。

看差不多了，赵匡胤突然轻咳两声，原本嘈杂的酒场立即安静下来。

赵匡胤拿着酒杯，脸带忧愁道："兄弟们，哥哥不高兴啊！你们都以为当了皇帝就大权在握，想干啥干啥了？你们可不知道这其中的痛苦啊！"

石守信追随赵匡胤时间最长，关系也最好。他一看赵匡胤不高兴了，就很紧张，忙问道："官家贵为天子，有何忧愁？说出来，我们作为臣子的也好替您分忧啊！"

赵匡胤等的就是他这句话，于是道："爱卿们，我是你们黄袍加身当上的皇帝。但是，如果哪天你们的属下也给你们来这一出黄袍加身，到时候你们可别把我给杀了啊！"

石守信、高怀德等人一听傻了，好家伙，原来这个坑在这里等着呢！得了，酒也别喝了，再喝估计脑袋就没了。

于是，一干人等扑通都跪在了地上，齐声道："官家啊！臣等愚钝，您看看怎么解决，您说出来，我们照做就是！"

赵匡胤嘿嘿一笑道："其实啊，也简单。如果你们手底下没有那么多兵头，不就行了吗？"

意思很简单，你们都别在军队混了，换个闲散的官做吧。

皇帝都这么说了，作为臣子的石守信等人还有何话说，何况皇帝还约定把皇家的闺女嫁给自己的儿子们当媳妇，世代联姻，永享荣华。

之后，石守信、高怀德等人纷纷上奏要求裁掉自己的兵权，或去外藩任职，或到文官体制内混个闲差，赵匡胤则一一准奏。

从此，军队的兵权一分为三，划归"三衙"，而三衙的官员大都是身份官阶较低的文人，在军队里没什么影响力，实际上中央军队的各项大权都归皇帝直接掌握。

2

赵匡胤"杯酒释兵权"，基本上把朝廷的军政大权收归了中央，有效维护了皇帝的权威。

但是，时间久了，天下逐渐太平了，他的心理又不平衡了！

现在整个天下都是我赵匡胤的，你们的命也是我的，我现在贵为皇帝，天下的兵权就该归我掌管，凭什么还要我拿着良田、美女、金钱跟你们交换啊？

最主要的是，凭什么要把我家如花似玉的闺女嫁给你家儿子当媳妇？想到这里，赵匡胤决定再请一次客！

既然我能够通过请客喝酒送你们这些东西，我为什么不能再向你们要回来？

这天，赵匡胤再次把各位将军召到皇宫，开坛置酒。

估计喝酒之初，赵匡胤就先做好了动员工作，不然没人敢来了。"兄弟们啊，今晚是一场私人聚会，绝对不会再削你们的权、收你们的官，尽管喝够，不醉不归！"

既然皇帝的话都说到这份儿上了，美酒佳肴、歌姬丽嫔，谁还能挡住诱惑？于是，大家又纷纷喝得趴在了地上。

看着地上东倒西歪的各位将军，赵匡胤的心里高兴极了。他没有立即命宫中太监把这些官员送回家，而是让人通知他们的家属——来皇帝家领你们的老爷！各位将军的家属纷纷马不停蹄地赶到宫中，扶自家老爷回家。

皇帝很客气，没一点儿官架子，一直把他们送至殿外，这才大声说道："现在国家财政吃紧，你们家的老爷已经许诺为朝廷捐赠十万缗（钱）！明天醒了别忘提醒他把钱送过来。"

第二天，各位将军醒来赶紧问家里人，昨天和皇帝一起吃饭，一高兴没把握住喝醉了，不知道有没有什么失礼的地方啊？

这时候家里人赶紧说，失礼倒是没有，但是皇帝说昨天您答应给国库捐赠十万缗，让您今天把钱送去。

将军们一听这个傻了，十万缗？砸锅卖铁，把房子卖了也不够啊！

可确实又记不起自己是不是说过，也许喝醉了确实说过呢！既然说了，就不能不交，否则就是欺君之罪啊，那可是要杀头的。

于是，很多人不得不把皇帝分给他们的良田重新卖了，东拼西凑，才凑足了十万缗交到了国库！

李煜的血腥成长史

1

五代十国，群雄逐鹿，正是风云际会之时。

当时，江南的"盟主"名叫李昪（biàn）。

李昪小时候家里穷，在安徽一带以乞讨为生，父亲在战乱中失踪，母亲也早早过世。后来，李昪被升州（今南京）刺史徐温收入门下，后取而代之，并逐渐控制当时的南吴朝政。

公元 937 年，李昪称帝，建立齐国。

两年后，他又改国号为"唐"，自称是唐宪宗之子李恪的四世孙，史称"南唐"。李昪死后，传位于其子李璟。李璟即位后，开始对外用兵，南唐逐渐成为江南十国中实力最强的国家。

别看李璟武艺高强，南征北战，戎马一生，可人家是一位典型的文艺青年。有一次，李璟跟北方武林的"大当家"周世宗柴荣比武，没曾想竟败下阵来，于是赋新词一首，抒发自己的不满。

菡萏香销翠叶残，西风愁起绿波间。还与韶光共憔悴，不堪看。

细雨梦回鸡塞远，小楼吹彻玉笙寒。多少泪珠何限恨，倚阑干。

李璟这首《摊破浣溪沙》旁征博引，几乎每一句都可称为经典，尤其"小楼吹彻玉笙寒"一句获赞无数，就连当时著名的大才子韩熙载都自叹弗如。

李璟皇帝虽然一生只写了八首词，但句句经典。再看清朝那位活了八十多岁、写了三万多首诗的乾隆皇帝，被人传颂的却只有那首"一片一片又一片"，这差距不是一般的大。

2

李璟不仅是一个文艺青年，而且是一名真君子！

他有三个弟弟：李景遂、李景达和李景遏。李璟非常喜欢这三个弟弟。

李昇年老的时候，打算把皇位传给李璟。这要是旁人肯定喜不自胜，可是李璟却不肯当这个皇帝。接到诏书之后，他给李昇回了一封信："爹啊！当了皇帝之后，兄弟之间就不能再以兄弟相称。我可以不当这个皇帝，但我不能没有亲兄弟！所以，请把皇位传于弟弟们吧！"

如果只是口头拒绝，有人可能会说李璟是哗众取宠，人家只是客气一下，心里不知道怎么美呢！

可是，李璟回信后，偷偷跑了，玩起了失踪！李璟临走之前还放下狠话说："千万别找我，要是逼我做皇帝，我就出家！"

最后，直到李昇去世，李璟才不得不被人架回来登基称帝。

不过，李璟刚一称帝就跟三个弟弟说："你们不要叫我'皇上'，就叫'哥'。谁叫'皇上'，我跟谁急。"

此外，他还与三个弟弟在他爹李昇的墓前歃血为誓，约定帝位要兄弟相传！随后，李璟加封弟弟李景遂为燕王、兵马大元帅，统领全国军队，并封为"皇太弟"，大有皇位继承人的意思！

文艺青年李璟想把皇位传给弟弟，只是理想很丰满，现实却很骨感，因为李璟忘了一件事——自己还有三个儿子！

一个皇位，三个儿子都不够分，还要分给弟弟们？不知道李璟怎么想的！李璟的三个儿子，分别是长子李弘冀、次子李煜、末子李从善。我们从皇位的继承顺序来看，李煜前面有三个叔叔、一个大哥。无论在谁看来，这皇位都轮不到李煜头上！

3

身为李璟长子的李弘冀眼看到手的皇位飞了，岂能甘心？恰在此时，吴越国的入侵给他带来了机会。

南唐和吴越国是近邻。虽说远亲不如近邻，但这两家却经常为了争地盘打个不停。而且，两国一直奉行一个亘古不变的真理——敌人的敌人就是朋友。

南唐内乱的时候，吴越肯定帮着打一把，反正不打白不打。吴越受到第三国攻击，南唐必定也会落井下石。这样你给我一刀，我还你一剑，久而久之两国就成了世仇！

有一年，吴越趁南唐李璟与"江北盟主"后周的柴荣在洞庭湖"比武"之时，派重兵进攻南唐重镇常州，意图夺取。

此时，李弘冀驻防的就是与常州仅有一线之遥的润州。

老皇帝李璟考虑到年轻的李弘冀身在抵御侵略者的最前线，怕他应付不来，而且一旦润州被破，自己岂不要白发人送黑发人？于是打算把李弘冀召回都城。

可是李弘冀不仅不听诏令，而且向李璟申述，自己身为元帅且为前线将士所倚重，岂能因为一己私利而临阵退缩？到时候前线将士必定军心不稳，如何御敌？

两句话把李璟给怼回去了！

李璟一想，儿子说的也有道理，于是打消了调回李弘冀的想法。

李弘冀誓与润州共存亡的决心打动了前线将士，润州之围很快被破除。接着，李弘冀又出兵常州，一举击败吴越军队，斩首一万余人，收复常州。

李弘冀与那位能诗善文、性格懦弱的文艺老青年李璟截然不同。收复常州之后，他命令把俘虏的一万多名吴越兵将全部砍头，震动四方。

此战，吴越国损失近两万人，再也不敢轻易进犯南唐边境！

打败吴越之后，李弘冀没有就此停下，而是借此机会一鼓作气，带领军队进攻后周。他在与后周的几场战役中表现英勇，取得多场胜利，在军中的威信逐渐提高！

4

与李弘冀的东线胜利形成鲜明对比的是，李璟那位被封为兵马大元帅的老弟李景遂确实不是带兵的料，几场战役下来被柴荣打得丢盔弃甲、无处躲藏，慢慢在军中丧失了威信，军权也逐渐被李弘冀掌握！

李弘冀独掌兵权后，一面鼓动将士游说皇帝，一面给李景遂施加压力，要求皇帝把皇位传给自己。

此时的李景遂终于意识到，即使有皇帝的支持，自己也不是李弘冀的对手！因为李弘冀手里握着兵权！

毛锥子哪能斗得过刀枪？万般无奈之下，李景遂只好请求解除兵权返回封地。

而心狠手辣的李弘冀岂能让自己的竞争对手安然离开？在李景遂返回封地的途中，李弘冀派人毒杀了他！

5

李煜就生活在这样的一个政治环境中——前有深得皇帝欢心的皇叔们，后有心狠手辣、手握重兵的皇兄李弘冀。他还能做什么！

李煜随手写首小诗，就能把李璟甩出好几条街。但对身处政治旋涡的李煜而言，才华横溢可不是什么好事。

李弘冀早就盯上了李煜，他既然敢杀自己的亲叔叔，就敢杀自己的亲弟弟。其实，李煜的想法很简单，他只有一个最基本的要求——活着！

可是想活却并不那么容易，一心要得到帝位的哥哥李弘冀是不会允许任何一位政治对手存在的！

既然不允许政治对手存在，那不做他的政治对手总可以了吧！

于是，聪明的李煜给自己取了两个别号——"钟隐"和"莲峰居士"。隔三岔五，他就写几篇心灵鸡汤、手抄佛经，或者画几张竹子、飞鸟，以此表示自己醉心佛学，志在山水，无意与兄弟几个争夺皇位。是骡子是马，你们自己去遛，跟我无关！

结果，李弘冀逐渐对这位不闻政事、半只脚已经踏进佛堂的兄弟丧失了兴趣！

历史上很多人都评价说李煜这个人醉心佛学，没有政治智慧。其实，这是不公平的。相反地，正是由于李煜的政治智慧才使他得以在暗流涌动的政治斗争中活下来。

能活下来就是胜利！这是历史告诉我们的唯一真理。

6

不久，皇宫里传来一个消息——李弘冀被吓死了！吓死了？这个说法，好像不太靠谱！

据说，李弘冀有一天晚上做梦，梦到被自己害死的叔叔李景遂向自己索命，于是就吓死了！

试想，李弘冀一生杀人无数，一直在军中担任大将，整天过着刀口舔血的日子，一场常州战役他就杀了两万吴越兵。如果他真那么胆小，早就被常州城下砍头的一万吴越国降卒的冤魂给吓死了，还能轮到李景遂？

而且史料记载，李弘冀是暴毙——突然就死了！

真相到底是什么呢？最大的可能就是李璟亲手暗杀了儿子李弘冀。因为李弘冀在军中威信太高、军权过大，已经威胁到了李璟的皇位，甚至生命。

为了争位，李弘冀不惜杀死自己的亲叔叔，谁能保证哪天他不会要了他爹的老命？老皇帝李璟不得不权衡一下，是自己的命重要还是儿子的命重要。

这个问题很快就有了答案——李璟当然选择了自己的命，于是派人暗杀了李弘冀！

李弘冀蹊跷死亡，李璟装作全然不知，没有丝毫怀疑，命人草草收葬！

……

宋建隆二年，即公元 961 年，李璟去世前再也不敢把皇位传给弟弟，而是给了李煜，即南唐后主！

赵匡胤：以"缺德"服人

¶

宋，秋日。

皇帝赵匡胤坐在开封的皇宫里，感到异常苦闷，整天"寡人""寡人"地叫着，果然有一天真把自己叫成了寡人。

如今王审琦走了，石守信也不敢来了，就连韩令坤、慕容延钊俩发小也被自己发配到边疆去了。

身边只剩下赵普、苗训这帮文人，再也没有了之前大家一起喝酒的日子。现在的赵匡胤才真正体会到，做了王者也未必荣耀！

虽然大家一致推举自己做了皇帝，各种赞美、恭维不绝于耳，可是他们对自己"杯酒释兵权"的做法还是心存抱怨的。之所以不说，是因为畏惧！

比如那个在自己兵变中给予最有力支持的石守信，当年带兵时，爱兵如子，甚至把自己的封赏全部分给士兵。

可是现在呢？石守信整天不理兵事，一天到晚流连于青楼艺伎当中，让他去边疆带兵，他也不去。

令人唏嘘的同时，赵匡胤明白那是石守信在发泄不满。他丢的不是自己的脸，丢的是赵匡胤的脸，丢的是大宋的脸！

正想着，突然一阵急促的鼓声打断了赵匡胤的思绪——登闻鼓！看来有人要告御状！

不一会儿，小太监毕恭毕敬地送上了状纸。赵匡胤懒得看，直接问道："所告何人？"

小太监回答道："李汉超。"

2

李汉超！提到这个名字，赵匡胤的脑海里立马出现一个年轻将军骑马纵横草原的形象！

赵匡胤对李汉超很熟悉。柴荣当皇帝的时候，赵匡胤是禁军的一把手——殿前都点检，李汉超则是自己的直系下属、禁军的四把手"殿前都虞候"。

如果说在大宋的军事圈里面，石守信是以"爱兵如子"著称，那么李汉超的人设则是"打仗不要命"。

别的将军打仗都是把帅旗往地上一插，站在箭射不着、血洒不到的地方，从容指挥。可是李汉超打仗不这样，他每次都和士兵一样玩命，自己扛着帅旗冲在军队的最前面。

而且，别看李汉超一副络腮胡、粗汉子的模样，但他对待士兵却很有耐心，总是与他们同甘共苦，从来不享受特殊待遇，就连枢密院发的"特殊津贴"也不留下，都发给身边受伤的士兵。就凭这些，李汉超在军中的威望极高。

赵匡胤当皇帝后，剥夺了"义社十兄弟"的兵权，但唯独舍不得让李汉超回家养老。赵匡胤就是喜欢李汉超这种打架不要命的个性，很像年轻时候的自己！赵匡胤不仅没夺李汉超的兵权，甚至还对他委以重任，让他担任"关南兵马都监"，去镇守关南（周世宗柴荣北伐从辽国人手里夺回的瓦桥关以南地区）。关南地区是防守辽国铁骑的要冲。"关南兵马都监"，别看这个名头听起来有点像太监，可是权力大得很，相当于关南地区的兵马大元帅！

大宋的这个邻居辽国很奇怪，它的国土面积虽然很大，但是很穷；尤其一到秋冬季节，不事农耕的牧民们坐在毡房里就闲得难受。与其坐在草原上喝西北风，不如骑上马去南边的那个富邻居家里敲两笔！

汉唐时期，中原王朝凭借幽蓟和长城天险，基本上还能挡住北方游牧民族的进攻。可是现在，契丹人得到了燕云十六州，他们早上骑马晚上就能抵达大宋边境。所以，历任关南守将都深受其扰，却又无计可施。

防吧，你又不能整天城门紧闭，大家总得去买个菜、走个亲戚吧。追吧，自己的那几匹瘦马怎么能追得上这群草原士兵！关南防护一直是周、宋两朝最头疼的事情之一。

李汉超到任关南之后，一改过去的防守战略，变为主动攻击。

他有事没事就命人扛上帅旗，带一队人马直接杀到辽国境内。能抢就抢，抢不着就烧。反正当年契丹人怎么干，我们就怎么干！

契丹人跟汉人打了两百多年仗，过去都是自己抢人家东西，什么时候自己变成受害者了？！

所以，李汉超镇守关南以来，辽国反而成了防守的一方，看见李汉超的大旗就赶紧关上城门。

而且，李汉超从不按套路出牌。当年契丹人抢劫，一般都会在冬天牧闲季节，平时双方相安无事。李汉超却不这样，他一年四季都不闲着，白天喝口酒，酒劲儿一上来，晚上就带兵打过去了。几年下来，契丹境内城外一片荒芜。

李汉超的这一招在大宋可谓圈粉无数，就连赵匡胤也对他青眼有加。

3

看完状纸，赵匡胤明白了。

李汉超参与赌博败光家产，不得不四处举债，甚至不惜向当地的地主借高利贷。原告正是这位高利贷债主。他向李汉超要债，李汉超不仅不还，还带兵去他家把他打了一顿，临走还抢走了他的女儿做妾。

这下问题严重了，因为李汉超动用了军队。

军队不仅是国家防守自卫、主动攻击的工具，更是一种政治象征，代表着帝王的权力和威严。

赵匡胤黄袍加身，就是这帮军头们给抬上的皇位。所以，他对军队的管理相当严格。按照规定，只有国家层面的军事行动才能调动军队。其他任何时候，即使是直属将军也不能随意调动，更不能军队私用！否则，立即杀头。

现在，这起案子不仅仅是简单的民事纠纷了，而是一场关系到皇权和地方军队指挥权的斗争！

原告很聪明，一下子就把皇帝拉到了自己的战壕里，他们共同的敌人是私调军队的李汉超！

4

赵匡胤看着手里的诉状，再看看跪在堂下的这个地方富户，一声不吭！强抢民女、私调军队，每条罪状都足以把李汉超置于死地。

原告跪在堂下，战战兢兢，不敢看皇帝的脸色，像他这种小民是没有权力在朝堂之上抬头的，但是他的心里明白——这场官司，他赢定了！因为，他把皇帝拉到了自己的一边。

终于，赵匡胤说话了："李汉超镇守关南之前，辽兵可曾入寇？"他声音不大，却不怒自威。

这就是权力的好处，只要你拥有权力，即使轻声细语，别人也会认真倾听；没有权力，即使你声嘶力竭，依旧无人理会。

原告不敢隐瞒，据实奏道："以前，辽兵年年犯关，关南地区经常十室九空。自从李汉超来了之后，现在已经很多年没有辽兵的影踪了！"

赵匡胤轻咳一声，嘴唇翕动道："如果李汉超没有抢走你家女儿，你家女儿将嫁给何人？"

原告想了想，答曰："嫁给村中大户人家！"

赵匡胤这才动了动倦怠的身躯，怒道："如果没有汉超驻守关南，你家说不定早就被辽人洗掠一空，也就是说，你能保全钱财其实有汉超一半的功劳，他拿你点钱有什么不对。再说了，你家女儿给汉超做妾，日后荣华享受不尽，不比做个村妇强吗？"说着，便令左右把原告赶了出去。

京城舆论一片哗然，如此肆无忌惮地包庇自己的手下，古今中外恐无第二个帝王！

5

此时的李汉超正坐在家中提心吊胆，他已经知道被他抢来的女孩的父亲去告御状了。而且，他也知道按大宋朝的法律，军队私用、强抢民女这两条罪状足以掉脑袋了。

怎么办？逃？

普天之下，莫非王土；率土之滨，莫非王臣。能逃到哪里去？何况，我李汉超一生戎马倥偬，面对敌人的千军万马都不曾逃走，现在如果逃了怎么对得起一直追随自己的那些将士们！

为了他们，也不能逃走！

李汉超正想着，皇帝身边的小太监突然到访！看来处理决定到了！

李汉超战战兢兢地把太监引入正室，太监却没有宣读圣旨，更没有命人把他绑起来，而是递给他一封皇帝的手书。

李汉超哆哆嗦嗦地把信展开，只见赵匡胤在信中写道："汉超老弟，听说你最近赌钱又输了！输钱没关系，但是你不该去借高利贷。没钱了跟我说一声，老哥我还有点儿私房钱可以借给你用。到时候，你立了战功得了封赏，别忘了还我就行！"

"至于你新纳的那个小妾，也是小户人家，我看配不上你大将军的名号，不如送回去吧！下回见面，我给你介绍吴越国公主认识，据说她可是对你仰慕已久了！"

李汉超边读边号啕大哭，南向跪倒，山呼万岁不止。

一场攸关生死的官司，就这样在赵匡胤的包庇中轻松化解了。

赵匡胤令李汉超送回抢夺的民女，补偿了对方的损失，还笼络了一批像李汉超一样的藩镇大将，一时人心归附，四海升平。

慕容延钊：我和皇帝是同窗

1

公元 963 年正月，严冬，夜。

襄阳城中，一座古朴的四合院内灯光如豆。院子西边的卧室中，不时传来一个老人的咳嗽和呻吟声。

"咚咚咚——"突然一阵急促的敲门声打破了院子的宁静，两个黑影快步走进卧室。

"老爷，皇上的信使到了！"

"好，你先下去吧！"

听声音，刚才的咳嗽声正是院子的主人发出的。

过了不久，黑影快速离开宅院，哒哒的马蹄声消失在襄阳微明的晨曦中！院中的冬枣树在阴冷的寒风中瑟瑟发抖，树下一个身形佝偻的老人痴痴地望着已经洞开的朱漆大门。

"老爷，信使已经走了，再回房休息一会儿吧！"

"不了。天就要亮了，马上命人通知山南东道各位驻防将军，天亮后来府中议事！"

……

一场改变宋初形势的战争即将拉开序幕，而故事的主角正是院子的主人，年届五十的慕容延钊。

2

经过三年的养精蓄锐，初登大宝的赵匡胤才整理完内务。他终于有时间看一眼周围的邻居了！

而现在，江南的局势也实在是够乱的。

南唐实力最强，被称为"江南的霸主"，无所不能，有事没事就出兵敲邻居吴越国和南汉的竹杠。

吴越和南汉明知吃亏，可是鉴于南唐的霸道个性，也只好忍气吞声。有时候实在受不了了，吴越国也会向大宋朝请求支援。

赵匡胤其实早就想收拾一下南唐，可因忌惮南唐和大宋间荆湘一带的周保权和高继冲两大军阀，一时不敢轻易挥兵南下。

别看周、高这俩哥们儿年龄小，但是依靠父辈的余荫，经验值和战斗力都很惊人，不容小觑。

高继冲他爹更是给他取了这个霸气外露的名字，意思是要他像先辈一样，继续冲锋！

你已经自封为王了，还让儿子继续冲锋，想干什么？想当皇帝不成？不灭你，灭谁？

而恰在此时，周、高二人的手下张文表突然造反了，自封为王，要另立门户。于是，正在等待机会的赵匡胤果断决定以平张文表之乱为名，出兵荆湘！

3

对于初建的宋朝而言，此战的重要性绝不亚于平定李筠、李重进的叛乱，因为如果平定了荆湘，就意味着打开了西进蜀国、南攻南唐的大门。

如果此战失利，那么赵匡胤这个霸主的权威将荡然无存，到时候别说一统中原，可能连屁股底下的宝座都坐不稳。

所以，对于赵匡胤而言，此战必须胜！

决定出兵之后，赵匡胤又面临着另外一个难题：选谁带兵？

那几个能打的弟兄的兵权早就被收了，本来他们就一肚子牢骚，再派他们去，万一也来一出"陈桥兵变"怎么办。

思来想去，赵匡胤觉得手底下能堪此重任的只有一个人——慕容延钊！

慕容延钊是赵匡胤的发小，后来又同在郭威麾下当兵。这种"一起同过窗，一起扛过枪"的友谊是赵匡胤最看重的。

可是，两年前，赵匡胤罢免了慕容延钊的侍卫亲军总司令的职务，任命他为山南东道节度使，驻守襄阳。说实话，对于这个任命，赵匡胤的心里很是愧疚。毕竟慕容延钊不同于别人，而且他还有病在身，派他去驻守阴湿潮冷的襄阳确实有点对不住兄弟。

没想到，接到任命的当天，慕容延钊就不顾病体，毅然决然地收拾行李来到了自己的防区。

此时的慕容延钊已经年届五十，长期驻守阴冷的山南道地区，令他早已疾病缠身。前几天还有信使说慕容延钊已经病倒在卧榻上了，此时任命他为总指挥，他会去吗？赵匡胤的心里没有底。

于是，赵匡胤给慕容延钊写了一封信："兄，经年未见，寒暑不定，天气偶寒，无恙否？朕念甚矣，只惜国事烦扰，未得闲暇，敬谅！今荆湘张文表之乱，朕意望兄取之，兄意如何？"

翻译一下就是：哥儿们，好久不见，身体好吗？我想趁着张文表之乱，让你挂帅收了荆湘，你想干吗？

很快，焦急等待的赵匡胤收到了慕容延钊的消息。慕容延钊的回信只有一个字："干！"

4

公元 963 年，赵匡胤任命慕容延钊担任主帅，李处耘为都监，以讨伐张文表为名，进攻荆湘！

慕容延钊首先集合西南各路兵马共计十万，会兵襄阳城下。

军队集合之后，已病入膏肓、无力行走的慕容延钊命人把自己放在一块木板上，在数十万年轻士兵的注视下被抬入了帅帐！

我们现在已经无从得知当这些年轻的士兵们看到自己的主帅被人抬入军营时，心中会激起怎样的风云，但是，我们可以肯定，此时的慕容延钊一定做好了必胜的准备！

接下来，就是慕容延钊个人表演时间了！

他并不急于进攻盘踞在潭州的张文表，而是给江陵的荆南节度使高继冲发了个信息："贤侄啊！我是来帮你打张文表的。我打算带兵从江陵绕到张文表后方，你能让我在江陵休息几天吗？"

别看高继冲年幼，没有上过几天历史课，但人家至少熟读《成语故事300 则》，里面有个叫"假道灭虢"的故事，还是知道的！再说了，"借荆州"的戏人家刘备当年已经唱了一遍了，你就不能来点有新意的吗？

高继冲明知慕容延钊是那个不怀好意的晋献公、刘备，可也不敢得罪他。谁都知道慕容延钊和赵匡胤关系匪浅，而且慕容延钊手握重兵，得罪他无异于得罪整个大宋。

于是，高继冲立即召见自己的亲叔叔高保寅商议应对之策。

这个高保寅还颇有心机，思谋一番后，他对高继冲说："现在我们的主要军事力量都投入对付张文表的战斗中了，如果再与强大的宋朝开战将难以取胜。不如我以犒师之名前去慕容延钊军中，一来探探对方虚实，二来也可以知道对方此来的真正计划。"于是，高保寅杀牛宰羊、挟酒带肉地出发了。

没想到一切进行得十分顺利，高保寅刚到大宋军中，就受到了高规格的接待。慕容延钊先是令自己的都监、军中的二把手李处耘陪着高保寅好吃好喝了一天。

第二天，慕容延钊更是不顾自己病体未愈，亲自上阵与高保寅在军中置酒欢宴，二人勾肩搭背，称兄道弟，相谈甚欢。

慕容延钊趁着酒劲儿，搂着高保寅，一口一个兄弟。"兄弟，你放心，哥哥这次来，皇帝都给我说好了，剿灭那个不可一世的张文表后，哥哥就打道回府，回我的汴梁享受人生去！"

高保寅也是个实在人，想不到大名鼎鼎、威风八面的慕容延钊对自己一见如故，很是感动。

他不知道的是，慕容延钊从小跟着赵匡胤在酒桌上摸爬滚打，赵匡胤能用一场酒局收回天下的兵权，这慕容延钊的酒把戏岂能差了？

酒后，高保寅向远在江陵的侄子高继冲发出了一个滑天下之大稽的消息："慕容将军这边很可靠，你可以放心，江陵城不用做战备。我即日出发回去，你在城外等着我的好消息就行了！"

高继冲更是个实在人，他得到消息后居然真的没有在江陵城布防，而是跑到城外十几里的地方等着叔叔高保寅了。

只是这一次等来的不是高保寅，而是李处耘带领的宋军！

轻松控制住目瞪口呆的高继冲后，李处耘直接进入江陵城，用自己带来的军队撤换了城楼的防卫部队。

慕容延钊兵不血刃收复荆南，举国震动！

5

就在慕容延钊收复荆南的同时，湖南的周保权已经在平津亭一战中灭掉了作乱的张文表。

这下慕容延钊没有理由了！你不是说帮人家打张文表的吗？现在张文表死了，你该回老家了吧？

到这时候，慕容延钊才不得不露出狰狞的真面目了。

张文表被灭之后，他曾经占据的荆湘军事重镇潭州成了一座无人驻防的空城。慕容延钊果断命令军队全速出击，轻松地占领了潭州。

至此，慕容延钊已经兵不血刃地拿下了江陵、潭州两座军事要塞。

此时也无须再遮遮掩掩了！"什么张文表、李文表，我就是来灭你们的！"慕容延钊坐在中军的大帐中不觉笑出了声。

他一面向盘踞在湖南朗州（今常德）的周保权喊话，让他速速投降；一面派李处耘进军澧江，打周保权一个措手不及。

每个人打仗都有自己的特点，如果说慕容延钊是喜欢"智战"，不战而屈人之兵，那么李处耘的人设则是"残忍"！

到达澧江之后，李处耘看到对岸军队早已布防完毕，决定来一个"明修栈道，暗度陈仓"。他命令士兵准备木筏，让敌军误以为自己要在此渡江作战，而实际上，他率大军溯江而上，从上游直接渡过了澧江。

没等反应过来，三万敌军已全部被李处耘大军斩杀在澧江沿岸。随后，他挥师而下直逼周保权据守的朗州。

李处耘的表演还没有结束！围攻朗州期间，他挑出数十个肥壮的俘虏命令士兵分食之，还故意放回一些俘虏逃回朗州，以传递其吃俘虏的消息。

没承想，这招果然管用。朗州城内纷纷传言宋军都是妖魔化身、喜吃人肉，结果全城惊骇，士兵纷纷出逃，朗州不攻自破！

慕容延钊和李处耘合兵一处，收复湖南全境！

荆湘平定后，慕容延钊因战功卓著，被加封为检校太尉。

可是皇帝的晋封诏书还未到达前线，慕容延钊就病逝于军帐中，一代将星就此陨落！

慕容延钊从十几岁就和赵匡胤一起打架斗殴、横行乡里，后来一起南征北战，征伐天下，数十年如一日，两人建立了极深的友谊。

赵匡胤虽然后来登基当了皇帝，但是一直以兄长之礼待慕容延钊。慕容延钊更是没有辜负赵匡胤的殷殷期望，在平定二李之乱中英勇作战，立下不世之功；平定荆湘是慕容延钊为赵匡胤做的最后一件事情，他做到了，终于可以放心走了！

赵匡胤听说慕容延钊病逝于阵前，号啕大哭，罢朝三日，以示纪念！

孟昶和"花蕊夫人"的爱与伤

1

宋太祖初年，成都摩诃宫，暑夜。

这摩诃宫坐落在摩诃池之上，楠木作柱，沉香为栋，内镶白玉，外嵌琉璃，下方一池活水，上方一顶凉亭，正是一处绝佳的避暑胜地。

宫中一方绣榻，榻上一位绝艳女子蝉翼薄纱，香酣似醉……

门扉微开，一个黑影闪入，烛光晃了两下就灭了，接着殿中传来一阵窸窸窣窣的声音。

约莫过了一炷香工夫，声音终于停了下来，一个女子娇声道："都言官家能诗善对，可是您却从未为奴家写过只言片语！不如今日，官家为奴家填一曲新词如何？"

"这有何难！"

少许沉吟，就听男子唱道：

> 冰肌玉骨清无汗，水殿风来暗香暖。帘开明月独窥人，欹枕钗横云鬓乱。
>
> 起来琼户寂无声，时见疏星渡河汉。屈指西风几时来，只恐流年暗中换。

一首《玉楼春》一气呵成，字字风骚，句句挑逗，翻译过来就是：今夜月朗风清，她躺在绣榻上衣衫不整。我起身开门，帘外夜色似水，星汉缥缈，眼看又到新秋。时光啊，请慢点走吧！

听完男子的吟唱，女人不由感动……

对话的双方分别是后蜀皇帝孟昶（chǎng）和他的娇妻"花蕊夫人"费贵妃！

2

孟昶的这首词全名叫《玉楼春·与花蕊夫人夜起》，它前承唐诗两百年云蒸霞蔚，下启宋词三百年氤氲缥缈，可以说是宋词的开篇之作。

唐诗宋词五百年，谁能把"性"写得如此酣畅淋漓、肆无忌惮？上至杜牧、李商隐，下至秦观、柳永，无出其右者！

数十年后，一位年轻的诗人对少年时背过的这首"性启蒙"的词久久不能忘怀。于是，在青楼一场春梦之后，他模仿此诗提笔写下一首《洞仙歌》向孟昶前辈致敬：

> 冰肌玉骨，自清凉无汗。水殿风来暗香满。绣帘开，一点明月窥人，人未寝，欹枕钗横鬓乱。
>
> 起来携素手，庭户无声，时见疏星渡河汉。试问夜如何？夜已三更，金波淡、玉绳低转。但屈指西风几时来？又不道流年暗中偷换。

这位年轻的诗人就是北宋著名的大文豪——苏轼。

3

说回孟昶和他的爱妃费氏。当时的蜀国还没有归顺大宋，史称"后蜀"。孟昶是后蜀的皇帝，他有两大爱好：吟诗和配药。

孟昶的"文艺范儿"我们已经见识过了，信手拈来就是传世经典，这功力还真不是一般人能学来的。

除了吟诗之外，孟昶还有一项超级技能——配药炼丹！

汉唐以来，配药炼丹风气日盛。不过，孟昶的仙丹没炼成，却练就了一手对症抓药的本领。

有一次，孟昶的母亲病了，太医们束手无策。孟昶不得不亲自出手，按病施药，没几天太后居然痊愈。

此后，看病上瘾的孟昶只要看到有人生病，不管是大臣官僚，还是后宫妃嫔，他一定要亲自上阵，开方煎药，而且居然每次都能药到病除。

如果孟昶不是皇帝，他肯定会成为成都街头最有名的医生。只可惜这么一位善于看病抓药的医生，最后却被赵匡胤开的药给毒死了！

4

孟昶的后宫佳丽三千，但唯有那位"花蕊夫人"费贵妃在后宫中冠绝群芳，艳绝尘寰，独得专宠。

最主要的是"花蕊夫人"不仅才色俱佳，而且厨艺惊人，是蜀国皇宫御膳房的"一姐"。

所以，无论是做王的女人还是做艺人，跨界都是很重要的！

孟昶很宠爱这个费贵妃，听说她怕热，就在摩诃池上兴建了这处镶满宝石的摩诃宫，供两人消暑纳凉之用！

费贵妃很喜欢芙蓉花，孟昶就命令在成都的大街小巷都种满芙蓉。一到芙蓉盛开的季节，整个成都花团锦簇，浓香扑鼻。于是，成都有了一个别名"蓉城"，沿用至今。

就在孟昶与"花蕊夫人"在摩诃宫腻歪的同时，远在万里之外的汴梁开封，大宋的开国皇帝赵匡胤坐不住了。

乾德二年，即公元 964 年，赵匡胤决定兴师伐蜀！

孟昶：从败家到亡国

1

宋太祖赵匡胤乾德三年，即公元 965 年，正月。

在一条通往蜀国兴州的官道上，一驾马车正不紧不慢地走着。

正是严冬时候，天气湿冷，驾车的两匹黑马身上却腾起团团汗雾。突然，一队骑兵从后面追上来，拦住了去路。"请问，此去南面五十里可是兴州地界？"

驾车的是一老一少。少年此刻早已吓得目瞪口呆。老者慌忙下车，作揖道："此去五十里正是兴州。"

"多谢老人家！"说着，士兵打马欲走。

"请问各位兵爷隶属哪位将军节制？"

"我们是宋军，隶属西川行营王全斌麾下！"

……

待骑兵走得远了，老人边卸马车，边拍了拍一脸错愕的少年道："你速骑马抄小路赶往兴州，告诉兴州防卫汪将军，就说文州刺史全师雄紧急边报，宋军已经发兵攻蜀！"

2

西蜀地处中原西南边陲，更有长江、秦岭天险将其与中原隔开，所以蜀地历史上一直很少参与中原混战，反而物产丰富、百姓富足，被称为"天府之国"。

赵匡胤派慕容延钊夺取荆湘以后，彻底打开了宋朝进军西蜀的大门。

乾德二年腊月，赵匡胤任命王全斌为西南行营都部署，统领西部所有宋朝军队，择机进取两川。

乾德三年正月，王全斌兵分两路进攻蜀国。主力部队由王全斌亲自率领，出凤州、进攻兴州，副将为崔彦进；东路军由刘光义、曹彬率领，出归州、进攻夔州（今重庆奉节）。

赵匡胤此战的目的十分明确：他把所有的主力都放在了王全斌、崔彦进这里，就是要一举攻下成都；而刘光义和曹彬的军队主要为了钳制蜀军，使其不能前后相顾。

令赵匡胤始料未及的是，正是这次不经意的人事安排让他继慕容延钊之后发现了一个远超慕容延钊的将才，而且正是此人，在一定程度上挽救了此次西征！

这个人就是被后世认为是"宋初第一战将"的曹彬！

3

公元 965 年正月，宋朝进攻两川，开始了建国以来第一次实际意义上的灭国大战。

西路军在王全斌和崔彦进的带领下，一路所向披靡，攻城拔寨，迅速占领了万仞、兴州等地，然后在三泉寨破蜀军前锋，俘虏蜀国大将。

这是蜀国第一次败绩。

随后，王全斌、崔彦进的大军抵达嘉陵。而蜀军依长江列阵，只有一座浮桥连通东西。于是，崔彦进趁对方未及烧毁浮桥之际，亲自率兵强渡，一举击溃数万蜀军。

蜀国二败。

再后，宋军进攻漫天寨。蜀军占据有利地形，但主帅王昭远却带领全部精锐贸然出击，致使大军三面受敌。漫天寨被宋军攻破，蜀军精锐全军覆没。

蜀国三败。

东路军在刘光义、曹彬的带领下水陆并进，一举攻破夔州，随后攻克万州、开州、忠州等地，于是三峡各郡县悉数归宋。

蜀国四败。

4

此时，蜀军的主帅是曾经自比诸葛亮的王昭远。

多次战斗失利，使王昭远清醒地认识到，凭借手里的兵力与蛮横的宋军展开一对一的角力那是找死。

于是，他命令焚烧栈道、桥梁，带领大军退守天险剑门关。

剑门关地处现在四川省剑阁，两旁断崖峭壁，自古有"一夫荷戈，万夫莫前"的美誉。这是蜀国首府成都的最后一道屏障。

王全斌的大军此时驻扎在距离剑门只有一箭之遥的益光，是进退两难。

要想进取成都，剑门是必经之地。但是，蜀军有数万重兵把守，宋军多次强攻都未得手。

正在王全斌一筹莫展之际，一个叫牟进的俘虏帮助了他。

被俘之前牟进是蜀军的侦卒。侦卒就是侦察兵，主要任务是穿梭于己方和敌方之间探听消息。所以，这种人掌握着一种不可多得的资源——军事情报！

王全斌把牟进请进帅帐，一顿山珍海味外加两坛美酒，牟进就把知道的都招了。

他告诉王全斌，在江对面有一座大山，大山之间有一条小道，沿着这条小道就可以绕过剑门直抵剑门背后。

王全斌获知该消息后，大喜过望，立即命令副将崔彦进连夜渡江，趁夜色从小道绕到剑门背后。自己则命令军士连夜赶造浮桥，全力进攻剑门关。剑门关腹背受敌，蜀军统帅王昭远已无力回天，最终剑门失守！

王全斌虽然作战勇猛，但却好杀成性。剑门之战后，数万蜀军被戕杀殆尽！经此一战，蜀军主力全数被斩，首府成都已经无险可守！

乾德三年，即公元965年，蜀国国主孟昶向大宋皇帝赵匡胤递交降表，俯首称臣，蜀国灭亡！

孟昶及"花蕊夫人"费贵妃携家眷被押解开封！

5

"孟昶兄弟，欢迎光临开封！"赵匡胤坐在东京开封皇宫的龙椅上，看着孟昶皮笑肉不笑地说道。

"谢皇上！"孟昶还是第一次称呼别人为皇帝，心里很不自在。

这是赵匡胤为孟昶专门准备的欢迎晚宴——名副其实的"王的盛宴"！

"听说孟兄在西蜀生活十分滋润，就连溺器都用珍珠、宝石镶嵌？"赵匡胤调侃道，"如此奢靡岂有不亡国的道理？"

"亡国之人，不劳皇上费心！"孟昶也没什么好脸色，面无表情地回答道。

赵匡胤干咳一声，异常尴尬。"既如此，就让我们共饮此杯吧！"

……

公元965年，孟昶在抵达东京开封七日后，卒！

随后，"花蕊夫人"费贵妃被赵匡胤收入后宫！

全师雄：愤怒是最有力的武器

1

夜很深了。

虽已是暮春时节，但今年的节气较往年晚了许多，蜀地的夜晚依旧渗透着凉意。

大战刚过的文州城，死一般沉寂，甚至连狗吠的声音都听不到。

就在前不久，宋将崔彦进、朱光绪两人带领大军与蜀军大战于此。蜀国战败，两万守军皆葬身文州城下。

城东南有一处规制颇大的宅院，朱红的大门紧闭着，两侧的石狮怒目相视。门口没有挑灯，院内漆黑一片。"吱呀"一声，一个人影闪身进了院子。"我回来了！"来人在院子里走了一圈，低声喊道。没有人回应。

于是，他推门进了后院。

接着，后院传来一阵撕心裂肺的哭声："这是怎么了……"

微弱的月光下，十几具尸体横七竖八地躺在院子中间。来人正伏在一具尸体上痛哭！

不知道哭了多久，他听到背后好像有人在叫他。"全大人！是您吗？"

他回头一看，正是仆人。

"快告诉我，这是怎么了？他们是被何人所杀？"

"全大人，听说您不是带领降卒在绵州造反了吗？怎么又回来了？"

"唉，宋军押送我等官吏和降卒前往开封，在绵州激起哗变。造反的蜀兵们有意推举我为首领，可是我料定这群乌合之众难成大事，日后还会连累我等，于是连夜逃了回来……"

可逃回来的全师雄没想到，一朝之间，全家人生离死别，还有什么比这更让人痛苦呢？

过了一会儿，全师雄突然起身，抓起地上的一把钢刀，转身向门外走去！

"大人，此去何往？"

"回绵州。此仇不报，誓不为人。"

《宋史》中对这一段是这么记载的："光绪尽灭师雄之族，纳其爱女及橐装。师雄闻之，遂无归志……"

2

东京开封，赵匡胤正在皇宫中举行一场盛宴。

赵匡胤宴请的对象就是刚刚死了皇帝丈夫，重又嫁给皇帝的"花蕊夫人"费贵妃。

赵匡胤显得格外高兴。

孟昶你不是恃才傲物、不可一世吗？你不是仗着自己会吟个诗，就不把我放在眼里吗？现在又如何？

我不仅拿走了你的土地，要了你的命，还顺便夺走了你的女人。

赵匡胤看着眼前梨花带雨的女人，他终于意识到自己内心其实最想得到的并不是这个女人，而是她所代表的权力——只有世界上最有权力的男人才配拥有她！

"费贵妃，听说你不仅美若翩鸿，而且能诗善画，能否为寡人赋诗一首啊？"

"花蕊夫人"拭去眼角的泪，她知道，在这个无情的世界上，自己只不过是一介浮萍。不论是原来的孟昶，还是现在的赵匡胤，对他们而言，自己只不过是一个玩物，是他们展示自己权力的工具。

不过，她依然无法忘记那个男人。

当灾难发生的时候，他宁肯丢掉生命也要保全自己的尊严。可是他可曾知道，和生命相比，尊严又算得了什么？

想到这里，费贵妃挺直胸脯，吟道：

> 君王城上竖降旗，妾在深宫哪得知。
> 十四万人齐解甲，更无一个是男儿。

"花蕊夫人"这首《述国亡诗》站在一个女人的角度表达了对国破家丧的愤恨，翻译过来就是：国家沦丧，我一个女人什么也不知道！十四万蜀兵没有一人抵抗，全都不是男人！

这首诗一经推出就被疯传，在大宋文艺圈内引起不小的轰动。直到百年后，才被另外一个文艺女青年李清照的"生当作人杰，死亦为鬼雄"超越。

"花蕊夫人"的这首诗不仅表达了她自己内心的愤恨，更是代表了无数蜀人对家国沦丧的愤懑之情！

赵匡胤做了这么多年的人事工作，岂能不知蜀国人心里的想法？如果让这种民怨持续发酵，那两川之功一定会功亏一篑。

于是，针对蜀国王室大臣和士兵，他颁布了两条诏令：

一、蜀国王室、大臣迁往开封居住，朝廷负责分配住房，给安家费，原有待遇不变。

二、给原蜀国士兵每人十千缗安家费，调往河南大营当兵；不愿前往的，发路费，就地解散。

如果赵匡胤的这两条法令得以实施，也许西蜀就彻底归附了。可是，历史却给赵匡胤开了一个莫大的玩笑！

3

自从慕容延钊去世、石守信诸人被解除兵权后，此次灭蜀的总指挥王全斌就成了大宋军事圈的扛把子!

王全斌历后晋、后汉、后周、大宋四朝而不倒,在他手里被灭的人无数,其中不乏能人异士,比如"西北王"李筠就死在他手里。

最牛的是,他曾经有一次率军攻到北汉的老巢太原,几乎靠一己之力完成灭国大战!

在他的眼里,除了赵匡胤,其他任何人都不值得一提。

灭蜀之后,王全斌的自信心又一次爆棚。他想到了三国时灭蜀的邓艾、灭吴的杜预,觉得现在自己的功勋战绩与他们相比一点儿都不逊色!

王全斌坐在孟昶曾经坐过的龙椅上,日夜欢饮,甚至纵容部下抢掠百姓,以致两川民怨沸腾!

而他接下来又做了一件"作死"的事情——克扣了朝廷下发给蜀兵的安置费!

终于,被压制许久的民怨爆发了。

数万被遣送开封的蜀兵由于没有拿到安置费,和宋军发生了争执,争执很快演变成了暴乱,他们杀死押送的宋军,推举原来的文州刺史全师雄为主帅。

说实话,文人出身的全师雄并不想造反,他很清楚一旦造反失败会是什么下场。只不过因为以前的工作能力实在太出众,威望太高,那些蜀国大兵们一致把他推上了头把交椅。

于是,全师雄暗地里把家人送回文州藏起来,想着有机会再从叛军这里逃出去。

没想到,等他找机会逃回文州老家,却看到了本篇开始的一幕——全家被杀!

全师雄愤怒了!现在不造反,他还能干什么?

他不仅要造反,而且还要全心全意地造反;不仅要一个人造反,还要鼓动整个蜀地造反!

很快,在全师雄的带领下,周围郡县的蜀兵相继暴动,一时竟达十几万人。原本只是一群乌合之众的蜀军，居然连克数州，直逼成都！

所以说，愤怒是这个世界上最有力的武器！

4

王全斌终于害怕了！

现在，除了成都还在自己的控制之下，两川十七州皆已造反。

但是，他现在最担心的却不是十七州县，而是成都！因为在成都城内还有三万蜀国降兵！

如果这三万蜀兵也响应叛乱，到时候别说一个王全斌，就是十个王全斌也收拾不了残局！

人一害怕往往就会丧失理智，王全斌也不例外！

胆战心惊的王全斌下达了一个足以令他后悔一生的命令——杀俘！

很快，三万名手无寸铁的西蜀降卒被赶进了成都的瓮城中，被全部射杀！王全斌以为杀死了这三万俘虏自己就安全了，但是没承想，各地的蜀军听说投降的士兵被戕杀后纷纷起义！

于是，叛军越来越多，全师雄更是分兵驻守绵、汉之间，烧毁栈道，沿着长江建立了一条坚固的防线，把王全斌的大军包围在了成都周边。

王全斌只好派副将崔彦进、高彦晖前去征讨。而此时宋军已经彻底失去民心，老百姓纷纷闭门逃走。

更没想到的是，一个月前还战无不胜的宋军竟然被全师雄打败，大将高彦晖战败身亡！

此时的王全斌已经没有能御敌的军队，只好一面想方设法继续上报朝廷，请求发兵救援，一面组织力量誓守成都。

全师雄也不傻，知道如果大宋朝廷再次派兵入川意味着什么。所以，他一面命人烧毁栈道，切断王全斌与大宋中央政府的联络，一面继续招兵买马、扩大地盘。

西征大军是死是活，赵匡胤没有得到任何消息。

危急时刻，"宋初第一战将"——曹彬，终于出场了！

曹彬：低调，才是最高级的炫耀

1

曹彬，字国华，河北人，他本是后周太祖郭威的外甥，如假包换的皇亲国戚。曹彬能成为"宋初第一战将"，除了背景过硬、业务能力突出之外，还有几个重要原因。

第一，为人低调、做人谨慎。

虽然家庭背景够硬，可是人家曹彬从来不炫耀。在军中，他对所有同事都一视同仁，没有任何优越感。

有一次，大军区统领设宴，各分级将领悉数到场，这可是一个拓展人脉、拉拢关系的好机会。

宴会上风起云动，名流如织。各方都希望借此机会展示自己的业务能力。唯独人家曹彬目不斜视，端坐席后，兀自吃菜、喝酒。

吃饱喝足，曹彬擦擦嘴，跟大家说了声"我吃饱了"，就转身回家了！所以，这次宴会之后，没有人再贸然请曹彬吃饭了！

第二，大局意识突出。

柴荣当了后周皇帝后，升亲戚曹彬为合门使，负责接待他国使节、出访外国等工作。

有一年，曹彬奉命出使吴越。当时的吴越虽然富庶，但是夹在"江南霸主"南唐和"大疯子"南汉之间，过得极不舒服。

尤其是南唐，仗着自己人高马大，有事没事就跑到吴越境内抢点东西、占块土地。所以，被逼无奈的吴越国只好抱住实力派代表、中原政权周朝（后来是宋朝）的大腿，压制南唐。

既然要抱老大的大腿，那就得把老大身边的人照顾好！所以，曹彬完成出访任务后，吴越国国王钱俶派人给曹彬送了很多礼物。

曹彬当场拒绝。

钱俶以为曹彬嫌自己诚意不够，就趁曹彬坐船回国时，又派快船追上，把礼物直接送到曹彬船上，调头回去了！

这就考验一个人的大局意识了——如果曹彬继续坚持不收，把礼物再送回去，那确实能保全自己清官的名声，但是会让钱俶心生不满，周、吴越两国的友好关系就会受到影响，于大局不利。如果连这一层意思都察觉不到，那就白混了！

所以，曹彬命人详细记录礼物名册，回朝之后全部交给了国库。

皇帝柴荣知道后，又命国库把礼物归还曹彬，曹彬才不得不收下。回家后，他又把礼物全部分给了亲朋好友，自己一点儿也没有留下。

第三，思想灵活，转变快。

风水轮流转。谁也没想到，有一天名不见经传的赵匡胤也当了皇帝。

曹彬考虑到自己是前朝皇帝的亲戚，本来就是大家舆论攻击的对象。所以，他处事更加低调——每天只专注于自己的工作，从来不参加朝臣间的宴饮聚会。

有一次，喜欢请人喝酒的皇帝赵匡胤听说了这件事，就问曹彬。曹彬才不得不道出实情，并且郑重表态：以后会紧跟形势，行事以大宋的国家利益为重。

赵匡胤听了很是感动，从此对曹彬更加器重。

2

公元964年，宋朝发动了针对后蜀的灭国大战。

此次战争是一场真正的国与国之间硬实力的对抗，所以赵匡胤格外重视。虽然派出的两路大军不辱使命灭亡后蜀，但他们过于苛刻的政策却激起了降卒哗变。到次年春天，蜀地十七州均被起义军占领，宋朝军队被包围在成都周边，多次反扑均告失败！

关键时刻，曹彬出场了。曹彬认为，与其坐以待毙，死守成都，不如主动出击，在全师雄的军队未形成战斗力之前，一举将其击溃！

于是，他和刘光义两人带领自己的东路军出成都。

沿途百姓见到东路大军军纪严整、甲胄鲜明，才见识到宋朝王师气象，无不拍手欢庆。

出成都后，曹彬和刘光义两人并没有进攻成都周边的果州、眉州等地，而是绕过这些州县迅速向全师雄的老巢——新繁扑来。

既然进攻，就要一战成功！这才是曹彬的用兵之道！

曹彬、刘光义的这两三万步兵全是跟着自己一路从归州打到成都的宋军精锐，而全师雄的军队虽然人数多，但都是一群乌合之众，临时拼凑而成，行伍之间也缺乏沟通和协同作战的能力。

两军甫一接触，宋军一阵冲杀，蜀军就被冲散了。

而此时，宋军又大呼"降者免死"！于是，毫无战斗力的五万蜀军纷纷投降。

全师雄带领败军投奔郫县（今成都市郫都区）！曹彬决定卸掉辎重，亲自带领大军轻装追击，盯着全师雄不放，直奔郫县。

两军再次交锋。曹彬亲自指挥，全师雄再败，退往灌口！曹彬决定马不停蹄地再次追击，死咬全师雄，追至灌口。

全师雄再败，退往金堂！此时的曹彬就像上了发条一样，根本停不下来，他继续带兵一路追往金堂。

再战，全师雄被曹彬射落马下，不久病死。叛军逃往铜山！曹彬立即调集军队追赴铜山。

随后，其他宋军也一起赶来，终于在铜山全歼叛军！后蜀至此彻底平复！

3

后蜀平定之后，东、西两路大军班师回朝。针对此次蜀兵哗变，赵匡胤命令彻查。

最终认定王全斌、崔彦进等玩弄兵权、滥杀降卒、抢夺财物，罪当处斩。赵匡胤力排众议，只裁掉了王全斌、崔彦进等的军职，在地方留用。

相关部门最后查到曹彬这里，发现曹彬的随身行装中只有几本书和衣物，遂上报皇帝。

皇帝深受感动，此次西征就是普通士兵也捞得盆满钵满，每人好几箱东西。而身为主帅的曹彬却分文未取。于是，赵匡胤加封曹彬为宣徽南院使、义成军节度使。

从此，曹彬真正掌握军队实权，走上历史舞台！

大宋王朝军事圈彻底完成了新老更替，大宋军界正式进入"曹彬时代"！

李煜：我很专情，也很多情

1

公元 964 年，南唐皇宫，深夜。走廊上，一道黑影一闪而过。

借着昏黄的灯光，隐约可以看到一个身材娇小的女孩的身影。

显然，女孩并不想被寝宫外来来回回巡夜的宫女、太监发现。

她脱掉鞋子拎在手上，熟练地绕过宫外的守卫，推开了寝宫的大门。很快，寝宫里的灯灭了，里面传来一阵窸窸窣窣的声音……

过了一会儿，声音突然停止。

"姐夫，怎么停了？"一个女孩娇滴滴的声音。"我要写诗！"一个男子的声音道。

不由分说，男子从床上起身，点上蜡烛，一首《菩萨蛮》转瞬即就：

> 花明月暗笼轻雾，今宵好向郎边去。划袜步香阶，手提金缕鞋。
> 画堂南畔见，一向偎人颤。奴为出来难，教君恣意怜。

这男子名叫李煜，正是南唐的皇帝。

刚刚进来的女孩名叫周女英，是李煜老婆周娥皇的亲妹妹！

这首《菩萨蛮》描写了周女英与李煜偷情的过程。本来这是李周两人之间的定情之信，别人无从得知。可是没承想，李煜作为诗人的知名度远超他做皇帝的知名度，他和周女英不同寻常的关系很快被传得众人皆知。

2

李煜，字重光，南唐皇帝。

史载，李煜"丰额骈齿，一目重瞳"，长相英俊，而且"工书画，知音律"。才子当然配佳人。在当皇帝之前，李煜就与南唐司徒周宗的长女周娥皇结了婚。

当时的周娥皇刚刚二十岁，正是含苞待放之时。陆游后来在《南唐书》中曾对其进行评价：精通书史，善音律，尤工琵琶。

二人感情甚笃，琴瑟和鸣。李煜寻得唐玄宗为杨贵妃创作的《霓裳羽衣舞》残谱，周娥皇还和乐师一起补缀排演。

此时的李煜也仿佛打了兴奋剂，作品不断。

早上，李煜初醒，心痒难耐，于是就有了《一斛珠》："晓妆初过，……绣床斜凭娇无那，烂嚼红绒，笑向檀郎唾。"

早上起床晚了，他就写《浣溪沙》："红日已高三丈透，金炉次第添香兽，红锦地衣随步皱。"

……

3

李煜当上皇帝之后，周娥皇成了皇后，人称"大周后"。可是好景不长，周娥皇病倒了！

一开始，李煜十分伤心，每天衣不解带，朝夕伺候在周娥皇的身边。因为担心宫女照料不周，李煜便把周娥皇的妹妹周女英接进皇宫，照顾病妻。

可是没承想，周女英不仅年轻貌美，而且精通音律、学识广博，一见面，"为情而生"的李煜就被迷倒了。

周女英虽然也是大户人家出身，见过大世面，但面对一个功成名就、才貌双全，既不油腻又无大肚的中年男人，依然毫无招架之力。

一来二去，两人就发展成了情人关系。

为了掩人耳目，两人只好每日选在深夜约会，也就是本文开头的一幕。而此时，病入膏肓的周娥皇已经无力阻止二人的关系，不久即撒手人寰。

4

乾德二年（公元 964 年），周娥皇病逝，李煜发挥自己无与伦比的文笔功力，为"大周后"写了一首《挽词》：

> 珠碎眼前珍，花凋世外春，未销心里恨，又失掌中身。玉笥犹残药，香奁已染尘。前哀将后感，无泪可沾巾。
>
> 艳质同芳树，浮危道略同。正悲春落实，又苦雨伤丛。稼丽今何在？飘零事已空。沉沉无问处，千载谢东风。

这首《挽词》表达的丧妻之痛，可以说前无古人。尤其是那句"沉沉无问处，千载谢东风"，后人中，估计也只有苏东坡的"十年生死两茫茫"可与之一比。

乾德三年九月，李煜生母钟太后去世，李煜按祖制守丧三年。开宝元年（公元 968 年），李煜服母丧期满，此时距离"大周后"去世已有四年之久，皇后之位便也空缺了四年。

十一月，"专情又多情"的李煜迎娶周女英，并立其为国后，史称"小周后"。

卢多逊：出名靠套路

1

宋太祖初年，夜。

大宋首都开封城内，一个身形佝偻的老人打着灯笼在皇宫外的胡同中走着。

突然，一道黑影从树后闪出，拦住了老者的去路。一个年轻的声音道："桂公公，是您吗？"

老人一怔，提着灯笼走得近了，这才松了一口气："卢大人？吓死老奴了。深更半夜，您不回府在这里干什么？"

年轻人呵呵一笑，道："桂公公，下官知道您每日陪圣上读书至深夜，劳苦功高。特在此恭候，来给公公送点礼物补补身体。"听到"礼物"两字，桂公公的心里一动。

不过，他依旧不露声色地向前走着，道："谁都知道，当今圣上年轻时尚武，现在得了大宝想把当年没读的书补回来。这可苦了我们这班侍读太监，唉……"

年轻人快走几步，把手里的锦盒递给桂公公，道："公公每日侍读，功比卿相，朝中的大臣们都明白着呢！"

桂公公用手掂量了一下锦盒，露出一丝令人难以觉察的微笑，道："既然如此，卢大人有话尽管说吧，老奴愿意效劳！"

年轻人呵呵一笑，这才低声道："下官想求公公把圣上每日读过的书目誊抄一份给我，不知可否？"

"这有何难，又不是什么军国大事。明日老奴就为卢大人誊抄……"

2

这位给侍读太监送礼的年轻人，名叫卢多逊。

《宋史》言，"多逊博涉经史，聪明强力，文辞敏给，好任数，有谋略，发多奇中"。简单说就是，卢多逊这个人不仅是文艺青年，还很有心机。

古代的官员选拔制度相当严格，全国每三年才能选出三百来名进士。虽然宋代放宽了条件，选出的进士数量大幅度增加，但是大家读的书都差不多，无非就是"四书五经"这些。

和这些人同朝为官，你要想在官家面前表现，其困难程度可想而知。于是，"好任数"的卢多逊想到了这个主意——贿赂侍读太监，誊抄皇帝的阅读书目。

此后，每天拿到皇帝的书目后，卢多逊都通宵达旦，彻夜苦读。终于，卢多逊的心机收到了成效。

朝会上，皇帝赵匡胤每次问到书中的内容，卢多逊都能应对如流。其他朝员大臣只能看着大殿上侃侃而谈的卢多逊咽口水——这个卢多逊怎么懂这么多？

靠这种方法，卢多逊得到了皇帝的器重，这让蒙在鼓里的同僚们自叹弗如。

3

这日，宋太祖赵匡胤开大会，讨论换年号的问题。

换年号这个事情，看起来事小，其实牵涉甚广：中书里秘书、政研部门要彻夜搬经迁典，从旧纸堆里为皇帝的新衣寻找遮体布，美其名曰"法古"；人事部门可以以此为借口，多开恩科，曰"扩大群众基础"；礼部也不能闲着，"诗、书、礼、仪、乐"，我们是尚礼的国家，天子换年号总得告天、告地。所以，一整年，礼部、钦天监这些部门的预算大增，也得忙起来；外交鸿胪这些更不用说了，南唐、吴越这种附庸国要用玺通知，邦交正常化的国家更要派使节、递国书，北汉、契丹这种敌对国消息也得及时送到……

总之，赵匡胤这个会开得很久，很累。

最后，大家一致认为，宰相赵普提出的"乾德"这个名字比较好：乾德嘛，皇帝的恩德，皇恩浩荡的意思！

赵匡胤一拍镇尺，就它了！

于是，宋太祖赵匡胤建隆四年（公元963年），改年号为"乾德"。这时候，卢多逊还是一个小小的言官，朝堂上还没有他说话的份。

4

一晃六年过去了，即宋太祖乾德六年（公元968年）。

朝会上，赵匡胤指着一面铜镜的背面十分生气，上书"乾德九年制"。什么情况？朕的乾德才六年，镜子上为什么都到了九年了？

所有人都不敢说话。

这时候，卢多逊终于第一次有机会在朝堂上说话了。

他缓缓地站了出来，冲着台上的赵匡胤深鞠一躬，朗声道："陛下，据臣所知，'乾德'这个年号曾被人用过！"

他这句话还没说完，赵普站得笔直的身子不禁抖了一下。

接着，卢多逊继续侃侃而谈："早年，蜀地曾建立过一个短命政权，史称'南蜀'。南蜀前后也就十几年，所以中原地区知道的人很少。这个南蜀使用的正是'乾德'这个年号，所以这面铜镜应该来自蜀地！"

卢多逊的话音未落，龙椅上的赵匡胤早已暴跳如雷，猛地站了起来，大吼道："赵普，你怎么选的年号？"说着，赵匡胤就把手里的砚台砸向赵普。

赵普头一歪，砚台从耳边呼啸而过，墨汁却洒得满脸都是。

不久，赵普罢相，出知河阳。其后，卢多逊被提拔为平章事，位列宰相之首。赵普和卢多逊的梁子就这么结下了。直到太宗朝，赵普才把卢多逊整死。

党进：虽然我不识字，但是我老实

1

宋初，首都开封，街头。一群人正围成一圈，议论纷纷。这时候，突然有人喊道："巡城使大人来了！"

原本热闹纷纷、挤作一团的人群立即散开。

这时候才看得清了，刚才被人群簇拥的是一位衣衫华贵的青年。青年手持一个铁笼，笼中是一只神采奕奕的鹰鹞。

这只鹰鹞目光如炬、羽毛鲜亮，一看就不是寻常人家所养。

伴着大家的哄闹声，一队黑色皂隶闯了过来，为首的是一位满脸虬髯的黑脸大汉："哪个不知好歹的又在养鹰鹞、獒狗这些玩意儿？不是明令禁止不许养吗？不要命了！"黑脸大汉人未到，声先至。

"就是他！"一个身材瘦小的年轻小隶指着人群中间那位手托鸟笼的青年道。

黑脸大汉把马鞭掫在手里，绕着青年走了一圈，嘴里不时发出"咂咂"的声音，道："现在有多少老百姓吃不上饭，你们这些家伙还养这些个破鸟。省了这些钱，买点肉吃不行吗？"

青年正想说话，黑脸大汉一把夺过他手里的鸟笼掷在地上。那只鹰鹞吓得在笼子里面扑棱棱乱飞。

青年吓得赶紧扑倒在地，一把护住鸟笼。

黑脸汉子轻啐一口唾沫，骂道："对亲爹都没这么好！"

黑脸汉子本以为年轻人会吓得拔腿逃走，却没承想，青年不仅没逃，反而冲自己大声嚷道："你知道这是谁家养的鹰鹞吗？"

"管他谁家的？说不能养就不能养，再狡辩就宰了你！"大汉用手按着腰间的宝刀，依旧不依不饶。

"这是晋王殿下养的！"青年一看不报上鹰的主人，这黑脸大汉是不会放过他的，不得不说出实情！

黑脸大汉猛地愣在那里，过了好一会儿才支支吾吾道："你说的可是实话？"

"这哪敢说谎！这只鹰鹞是晋王殿下前几日才从西域商人手里买的。"青年急得几乎要哭出来。

黑脸大汉闻听此言，尴尬地呵呵一笑，立即蹲下，一把扶起地上的青年，帮他拍拍土道："小兄弟啊，这鹰真是不错！你要好好照看啊！千万不要让人伤了它！"

说着，黑脸大汉摆摆手，带着一众皂隶一溜烟儿跑了……

2

前面所说的巡城使，名叫党进，是当时开封府主抓治安工作的一把手。

党进小时候是别人的家奴，没进过学堂。用现在的话说，就是一个彻彻底底的文盲。

当兵后，文盲党进以"勇武"著称。很快，党进在军营中遇到了自己的人生知己——赵匡胤。

从此，党进的从政经历开启了"外挂"模式，从一名普通士兵升至军队高级将领只用了短短几年时间。

赵匡胤对自己的发小慕容延钊、韩令坤都防备有加，登基不久就撤掉了慕容延钊的殿前都点检的职位，把韩令坤发配到北方守边，又解除了石守信这帮好兄弟的军队指挥权，但他独独对党进深信不疑。

登基之后，赵匡胤更是把党进提拔成侍卫亲军步军都指挥使。

赵匡胤如此信任党进，主要是因为党进这个人不仅是一个文盲，而且还是一个"老实人"！

3

在皇位上坐久了，赵匡胤开始有些不自在。

屁股底下的这个龙椅，赶跑契丹人的大英雄、后汉的开国皇帝刘知远坐过，后周太祖郭威坐过，南征北伐几乎统一华夏的好兄弟柴荣坐过，这才短短几十年，我赵匡胤又坐在了上面！

嗟叹之余，赵匡胤不得不思考一下原因。

大宋朝的官家嘛，就得高瞻远瞩，工作再忙，也不能耽误思考。

可是，思考得多了，就变成了怀疑——朝堂下跪着的这群人是不是也在考虑黄袍加身，到自己的椅子上来坐坐？

再想想这群军头们当年"陈桥兵变"时的所作所为，他们有什么不敢干的？要想控制好这群军头们，就得把军队指挥权牢牢控制在自己手里。

所以，赵匡胤对军队的建设问题十分上心，经常对军队搞人口普查。

既然是"普查"，就得有资产人员报备，就要有数据分析，严格点还要进行书面总结。

所以，为了应付皇帝的突然提问，很多将军都把自己管辖的兵士、甲具数量记在一个木牌上，随身携带，随时准备应答。

党进虽然是文盲，但是他不傻，也命手下做了一个这样的木牌。

有一天，赵匡胤果然问党进："党爱卿啊！你给我说说你手底下管着多少士兵，多少战马啊？"

党进赶紧拿出木牌，正准备读，可是一着急居然不认识字了。万般无奈，他不得不把木牌递给皇帝，大大咧咧道："老大，俺管的兵员、甲具数量都在木牌上写着呢，您自己看吧！"

赵匡胤哭笑不得，再想想自己手下这些人确实是大老粗居多，连自己的宰相赵普也是出了名的不读书，也就释然了。

虽说党进是个文盲老粗，但却符合赵匡胤的用人标准，用这种人负责自己的安全警卫工作，不用担心他有一天会把自己害了！

4

其实，党进不是不知道自己没有文化的弱点，他也想学习，也想进步，也想在皇上的面前好好表现一下。

有一次，赵匡胤命他防守边境。根据惯例，边疆大吏每年要按时回京述职，汇报自己的战况、战果，顺道向皇帝请示明年的工作重点。

赵匡胤知道党进不识字，述职也好，汇报也罢，他肯定说不上来，更不用说写年度总结了，于是特令党进不用回京述职。

可是党进偏偏不干。怎么？那些大老粗兵头们哪个有俺裤腰带上的人头多？居然嘲笑俺不会写字，俺不会写难道不会让别人替俺写吗？

于是，党进令人写了一篇年终总结，背了下来，也和其他将军一样按时回京述职。

赵匡胤看到党进来了，着实一惊。不是不让他来吗？是不是边疆有战事，党进来请示作战部署的？

于是，赵匡胤特地安排党进第一个进来。

党进走入大殿，看到满朝文武一脸严肃地盯着自己，一紧张居然把前天背下的大段总结给忘了，只好跪在地上支支吾吾半天没说话。

赵匡胤看着憋得脸红脖子粗的党进，也十分纳闷："党爱卿，你怎么不说话？是不是契丹人来寇边？"

党进实在没有办法，猛地抬头看着皇帝，不好意思道："启禀官家大哥，辽国人没来。俺就是想说，天气冷了，皇帝大哥您吃好、喝好、睡好，晚上别冻着！"

史书上是这样记载的："臣闻上古其风朴略，愿官家好将息。"

党进的话还没说完，满朝哄堂大笑。

赵匡胤喝到口里的茶也给喷了出来，就知道党进冒不出来什么好话，只好笑道："还是党爱卿心眼实在，胸无城府，还知道惦记着朕！"

正是这句"心眼实在，胸无城府"帮助赵匡胤认识到自己身边缺少的就是党进这种人，只有党进在身边负责自己的安全才最为可靠。不久，赵匡胤又将党进调回了京城，继续负责首都的防卫工作。

公元 969 年，赵匡胤决定出兵讨伐北汉，这一次北伐将是"老实人"党进的个人表演！

刘继业：我其实是"杨家将"的大当家

1

公元 969 年，中央突然发文——皇帝赵匡胤要亲征北汉！自从"五代十国"纷争开始，赵匡胤的心情就没有好过。

别看南边的几个邻居孟昶、李煜他们都对自己恭敬有加，但是在背地里，他们肯定没少骂自己。

这些赵匡胤都知道，他只是不说，他得忍。可是，唯一令他无法忍受的就是北汉的皇帝刘钧！

中原的天下本来是刘家的，后来郭威夺走了刘家的皇位建立后周，刘家人没地方去，只好跑到荒凉的晋西北扯旗单干，这就是北汉。

所以，刘家对郭威的后周也好，对赵匡胤的大宋也罢，一概瞧不上，还总以中原正统王朝的身份自居，言必称朕！言外之意就是，你们这帮人都是窃国乱世的贼子！

这就触动了赵匡胤的底线——谁才是中原王朝的正统君王？这不是文字游戏，而是原则问题，没有可讨论的余地。

赵匡胤有他自己的逻辑——刀把子里面出政权。这大宋的天下是我真刀真枪打出来的，别说你是刘钧，即使你是刘邦，没有我的刀枪多，也得称臣。所以，大宋和北汉的关系就由人民内部矛盾转化为敌我矛盾。既然是敌我矛盾，就要你死我活。

可是，北汉皇帝刘钧是一位玩"均势"的高手，夹在辽、宋两个大国之间纵横捭阖，宋朝来打了就去辽国借兵，宋辽干仗就去打个秋风，一时倒也是游刃有余。

就这样，大宋和北汉之间斗来斗去好多年，晋西北那几个山头还是姓刘，赵匡胤的刀把子还是那几个。

2

公元 968 年，刘钧薨！刘钧的外甥，同时也是他的养子刘继恩继位。

得知这个消息，赵匡胤一跃而起，道："朕要御驾亲征北汉，这次非灭了姓刘的不可！"

这一次，他制订了一个近乎完美的计划，手下的名将们更是倾巢而出，几乎全部参加了这次规模空前的军事行动：

天下第一名将曹彬为主帅；李继勋为前锋；赵赞、党进各领一路由侧后方跟进；赵匡胤自己带着侍卫亲军殿后，风卷残云般杀奔太原而来。

从军事的角度来讲，这一次的进攻计划近乎完美。

有曹彬、李继勋这对搭档带领数十万大军，不愁不破北汉。

另外，赵赞、党进的军队迂回前行，既可以荡平太原周边的抵抗力量，又可以防备辽国军队对北汉的支援。再加上有皇帝亲自坐镇，侍卫亲军和禁军都是国内军队的最精锐力量，北汉国都太原似乎唾手可得。

可是赵匡胤所有的美梦都因为一个人的出现而彻底破产了！这个人名叫刘继业！

刘继业，这个名字估计大家不是很熟悉，那是因为他本来并不姓刘，而是姓杨，名叫杨业，也叫杨继业。

由于杨继业在北汉与宋、辽的战争中立下战功无数，北方边境一带的少数民族都称他为"杨无敌"。"杨无敌"打架实在厉害，连北方那群不可一世的契丹人见了他的大旗都躲得远远的。

到后来，北汉皇帝自作多情地把人家的姓给改了，"你不要姓杨了，跟我皇帝一个姓，改名叫刘继业吧"！

就这样，人家杨继业的祖宗成了姓刘的了！

这下该明白了吧！这位刘继业就是后来号称"杨家将"的第一代掌门人——老令公杨业！

不过，他现在还是北汉建雄军的总指挥——刘继业。

3

当大宋的军队入侵的时候，身为总指挥的刘继业并没有坐以待毙，而是主动出击，在团柏谷与宋军前锋李继勋展开了一场肉搏战。

也正是这次战役使刘继业清楚地认识到了宋军的实力——号称"无敌"的刘继业在此次战役中被李继勋打得丢盔弃甲，不得不退出战场。

经此一败，刘继业深刻地认识到，不能再听那些文人瞎写的了。

什么北汉大军天下无敌？什么宋军不堪一击？还大言不惭要恢复中原，真要硬碰硬，两军在荒野平原上摆开阵势进行大兵团的正面较量，北汉这点家底儿都押上也不是宋军的对手！

所以，他迅速改变了战略部署，组织兵力趁着夜色逃回太原，把太原城的大门一关，固守不出！

赵匡胤的各路大军抵达太原城下的时候，发现城墙虽然破旧但依然坚固，足以抵挡宋军的强攻。

而刘继业守城更是一副廉颇当年的范儿——无论你怎样叫骂，我都按兵不动；只要你撤兵回营，我立即组织力量对你进行昼夜袭扰。

就这样，刘继业在太原城里守了一个月，日子居然没有太难过。倒是宋军疲惫不堪，饭也吃不好。你刚要端起饭碗，战鼓就响了，你抄起家伙追出去，人家又钻进城里去了。晚上也睡不着觉，刚躺下，警报就响了，还没穿好战袍，汉兵就又缩回去了。

如果光是袭扰也就算了，有时候北汉军队还放冷箭。有一次，负责围攻太原西门的西寨首领赵赞出去巡城，就差点儿死在刘继业的暗箭下——箭矢射穿了他的左脚！

4

就在刘继业为自己的游击战术沾沾自喜之时，一个人的出现彻底打破了他的"无敌"金身。

这个人就是党进。

党进靠着赵匡胤的信任，一步一个脚印，很快干到了将军的位置上。

这次北伐，党进是作为李继勋的副将。副将嘛，肯定就不能像主将一样执掌帅印，整日坐在帅帐中，指点江山，挥斥方遒。而且，党进文盲一个，连战报也看不懂。所以，李继勋给他的工作也较为简单——围困东城和建设营房！

党进这个人最大的优点就是实在、不挑活，让围困东城就围困东城，让建营房就建营房。

这日，党进正带着一群小兵在太原城东面的山上伐树建房，突然看到山下自己掌管的东寨一片混乱。

原来，自从刘继业通过偷袭打败西寨的赵赞以后，他好像尝到了甜头，想故伎重演，趁着东寨不备再捡一回便宜。在刘继业的偷袭下，东寨立时陷入了一片混乱，眼看就要被攻破了！

这时候，站在高处的党进不干了。欺负赵赞也就算了，今天居然欺负到我党进的头上来了。

于是，党进连铠甲都没穿，二话不说，操起斧头带着仅有的几十人就冲了下去。刘继业正杀得起劲，想不到今日偷袭如此成功，正好赶在主帅不在帐中，几万人防守的东寨眼看就要被自己的几百人给冲破了。

正得意之时，身后一阵乱马嘶鸣，从远处的山上杀下一支衣衫不整、手持斧头的队伍。领头的野蛮人更是以一当十，三两下就把自己手下那群瘦弱不堪的汉兵给打趴下了。

等刘继业回过神来，带来的几百人已经被野蛮人消灭得差不多了。刘继业没有办法，带着残存的几个人，拨马往回跑。

而党进不依不饶，在后面死命追赶。

刘继业跑到城下才发现自己犯了一个大大的错误——太原城的城门已经关了，自己没有了退路！

万般无奈之下，他只好抛掉将帅的面子，迅速脱掉战袍，身子一屈，趴在了城门外护城河旁边的烂泥潭里。

党进追杀一阵，被城楼上的哨兵用乱箭射了回来。他又在护城河周围抓了几个躲在护城河里的汉兵俘虏，这才收拾队伍返回东寨。可是，他忘了查看护城河旁边的烂泥潭！

党进就是大意，否则历史将会被他更改！

而刘继业的经历也告诉我们一个道理，作为主帅，你不光要能打，还要会逃，关键时刻逃命的本领有多高，决定你能爬到的位置有多高。

别人都藏在河里，作为主帅，我就不能藏在河里，而是要藏在泥潭里！果然，这一招救了刘继业。

虽然没有被党进活捉，但是刘继业也只能一直在城外的烂泥潭里忍饥挨饿，到下半夜才敢出来。最后，他顺着城头上缒下的绳子爬回了太原城。

经此一战，党进一战成名，而这也是"无敌"刘继业生平为数不多的败仗之一。

5

党进把刘继业打败了，刘继业也老实了不少，很少再出来偷袭、搞破坏了。但是，太原城依旧坚挺，防守依旧滴水不漏。

赵匡胤被逼得实在没有办法，最后终于想出一条妙计——灌水围城。

赵匡胤的打算是好的，我不是攻不破你的城墙吗？我在城墙根上给你灌上水，早晚有一天城墙下面的地基会坍塌，到时候城自然破了。

于是，赵匡胤命令士兵掘开汾河，把汾河水引到了太原城外。可是赵匡胤没有想清楚的是——夏天到了！

水是把双刃剑，一方面，太原城四周都浸泡在泱泱大水之中，随时都有坍塌的风险；另一方面，城外的宋军也只能整天生活在泥泞不堪的烂泥中，夏季一来，很多人患了痢疾，上吐下泻！疾病像瘟疫一样迅速在宋军中蔓延，几十万人有一半已经拿不起刀剑，还怎么打仗？

公元 969 年六月十六日，宋太祖赵匡胤做出了一件足以令他后悔终生的决定——撤兵！

宋朝北伐军悉数撤回宋朝境内！

谁承想宋军前脚刚走，被汾河水浸泡了数月的太原城墙竟轰然倒塌……

南汉，一个朝臣全是太监的帝国

1

宋初的天下有两个汉朝。

一个是位于山西、陕西交界的北汉，当年郭威发动宫廷政变，抢走了后汉的龙椅。于是，后汉的后人就跑到了这里，建立了北汉，天天跟中原政权对着干！而南汉位于南唐、吴越国以南，疆域主要是广东、广西的两广地区，以及越南的北部。

南汉的皇帝虽然也姓刘，但是和历史上的大汉帝国并没有多大关系。

南汉的建立者叫刘龑（yǎn），他的先人本来是在两广地区贩盐的盐商，后来依靠岭南内乱得以发家。

可是既然建国称帝，总得给自己找个体面点的祖宗装点一下门面才行。于是，刘龑就想到了当年横行天下的大汉朝。汉朝的皇帝姓刘，我也姓刘，说不定五百年前我们还是一家呢，凭什么他的国家能叫汉，我的就不行呢？

于是，他也把国家的名字命名为汉，史称"南汉"。

历史上，这种靠找祖宗装门面的故事很多，就像当年在集市上卖草鞋的刘备，逢人就说自己是中山靖王刘胜的后代。

作为汉武帝的兄弟，中山靖王刘胜的生育能力超强，据说有一百二十几个儿子，再繁衍到了几百年后的东汉末年，少说也有几万个后代。至于刘备到底是不是中山靖王的后代，估计一般人考证不出来！

到了宋初，南汉传位到皇帝刘鋹（chǎng）手里（原名叫刘继兴，当皇帝后改名为刘鋹）。估计这位刘兄弟给自己取名字的时候是希望自己既有钱又能长命百岁，所以才选中了"镹"这个字。

还别说，这位刘镹兄还真做到了这一点。他一辈子确实积攒了很多金子，活得也不短，并且做了一项其他皇帝都干不了的事情——开辟了史无前例的奇葩帝国！

2

刘镹手里的南汉在历史上有一个响当当的名字——"太监帝国"！

因为，刘镹只信任一种人——太监。在他看来，那些有儿有女的人都有自己的亲人，肯定不会对国家尽忠，只有太监才会了无牵挂地对皇帝忠心耿耿。

于是，这个奇葩帝国颁布了一项历史上最为奇葩的规定：凡是要入朝为官的人必须先阉割！

最终，那些通过科举考试进入官场的学子都统统被刘镹捉进蚕室（受宫刑的牢狱）阉割了。还有一些趋炎附势之徒，为了能够升官发财，居然自行阉割，混进皇宫。

到了最后，南汉的朝堂之上都是一群太监，就连军中的将领也都必须阉割后才能提拔。

结果，小小一个南汉王朝，太监的数量居然高达两万人，是中原大国的上百倍。而且，这些太监不用耕作劳动，严重拖累了国家的经济发展！

除了喜欢让太监做官之外，刘镹还是一名"珍稀野生动物爱好者"。他在皇宫里建了一个大苑子，又逮了一群老虎、豹子养在这个苑子里。

每天，刘镹就坐在高台上命令士兵把罪犯的衣服全部脱光扔进苑子，然后观看野生动物和罪犯的厮杀表演。

虽然这种表演比较残忍，但也带来了一个好处，那就是南汉境内的犯罪率显著降低。因为为了养这些野兽，很多轻犯都被投进了苑子。大家都不傻，都清楚犯罪的成本实在太高，不仅没衣服穿，还要去和虎、豹"赛跑"！

3

本来大宋的掌门人赵匡胤并不想先灭南汉，毕竟大宋和南汉之间还隔着南唐与吴越国。

赵匡胤心里清楚得很，别看现在南唐和吴越都对自己恭敬有加，但一旦贸然出兵，如果这二位突然翻脸，攻击自己军队的后方，那就危险了！

可是，刘鋹却不给赵匡胤这个机会。

爱看野生动物表演的刘鋹空闲之余还是一位艺术家、手工艺人，每天不上朝，看完动物表演，就窝在家里做雕刻，有时候会雕椰子、象牙等。

他的雕刻技术十分精湛，就连市场上的工匠见了都自叹弗如。

刘鋹还命令把城池外面的护城河建成河滨公园，种上花草树木等植被。这下城池是漂亮了，可一旦被攻击，城墙也就成了摆设！

曹彬灭后蜀之后，赵匡胤终于等不及了。

公元 970 年，即宋开宝三年，赵匡胤发兵南汉！

刘鋹：靠山山倒，靠象象跑

当赵匡胤发兵南汉的时候，刘鋹并不是特别紧张。

因为刘鋹心想，有这么多尽忠的太监为自己出谋划策，自己完全不用担心。

1

公元 970 年，赵匡胤命令大将潘美借道南唐，水陆共进，袭取南汉！

因为南汉的城郭护城河被改成了园林苑所，士兵的刀枪甚至都已经生锈长毛，根本不具备抵御宋朝军队的能力。

潘美的大军很快通过自己的属国南唐打入南汉境内，一路所向披靡，攻城略地如入无人之境，南汉守将见到宋军更是纷纷投降。

当刘鋹听说赵匡胤的大军已经越过南唐到达汉界时，心里着实紧张了一把。

于是，他派出自己最信任的人——太监龚澄枢带军前去抵御。

这位龚澄枢虽然也是太监，但是跟人家曹少钦曹厂长是没法比。而且，这位太监可能还有点晕血，刚走到半道，听说潘美的大军已经攻克芳林，离自己已经不到三十里地，不禁大惊失色，竟然仓皇逃走了。

刘鋹这才发现，太监也是不可靠的。

既然太监的靠不住，只好派一员真正的男人了！

于是，刘鋹命令南汉帝国唯一的"男人将军"伍彦柔带领水军前往贺州助战。

可是没料到，伍彦柔也不是打仗的料。

南汉水师刚到贺州城外，就中了潘美的埋伏，汉兵大乱，伍彦柔竟然在乱军中被宋军斩杀了。

2

宋军连克昭、桂、连三州，逼近广州的最后一道屏障韶州。如果韶州失守，广州的南汉皇室就成了瓮中之鳖，只能逃到海里去了。

不过，刘鋹就是刘鋹，奇葩帝国的一手缔造者是不会按照常理出牌的！

太监不行，男人也不行，动物总可以吧！别忘了，刘鋹的苑子里还养着一群野生动物呢！关键时刻，该它们上场了！

你们宋军不是有兵阵、车阵、舟阵吗？我有象阵！

当一群由大象组成的方阵刚一出现在韶州城外的时候，确实打乱了宋军的进攻阵形。宋军士兵大部分是北方人，老虎、豹子多少见过，大象这种庞然大物听都没怎么听过！初一见象阵浩大的阵势，本来占据绝对优势的宋军竟然被吓得目瞪口呆……这也是宋军进攻南汉以来遭遇的第一次败仗，而胜者不是人，居然是大象！

广州皇宫里的刘鋹和太监们听到战报不禁喜上眉梢，可是他没有想到的是，虽然宋军士卒没有见过大象，可这可并不代表宋军的元帅也没有见过大象！

跟着赵匡胤南征北战、伐国无数的潘美，那是见过大世面的，岂能被几头大象吓倒！大象再大，它也是畜生。既然是畜生，它就怕火！

3

于是，到了第二天，剧情发生了一百八十度大反转。

潘美先是命令士兵架上弩机瞄准领头的大象玩命射击，随后又命令弓箭手在弓箭上点燃油料，宋军的战阵外顿时烈火熊熊。象阵乱作一团，大象纷纷往回奔跑。

往回跑？这下简单了，宋军还没有进攻，南汉的十几万大军就被自己的大象踩死了大半。

得了便宜的宋军一看，这样打比自己真刀真枪去砍人安全多了。于是，他们追在大象后面不停地驱赶。

宋军连攻城的云梯都没来得及架起来，韶州城就被南汉自己的大象顶塌了！

韶州陷落！

韶州既丧，广州就成了一座孤城。宋军一路赶着大象，唱着战歌，直接开到了广州城外。

城中的刘鋹无计可施。

公元 971 年，广州沦陷，刘鋹纳表请降，南汉灭亡！

符彦卿：女儿当皇后也是我的错？

1

宋初某夜，首都开封的皇宫里，又是一场盛宴。

赵匡胤坐在高高的龙椅上，醉眼蒙眬地看着脚下那群还在划拳拼酒的将领们，皇冠滚落在一边……

《宋史》载，宋太祖赵匡胤年轻时就"器度豁如"。现在又是官家，赵匡胤自然放得更开些！

既然官家高兴，大家就得配合下，所以，喝得都有点儿多。

酒过半酣，赵匡胤终于把那个困扰了自己很久的历史问题提了出来："爱卿们，你们说说，朕坐的这把龙椅，赶跑契丹人的大英雄刘知远坐过，前国主郭威坐过，朕最佩服的好兄弟柴荣坐过，这才短短几十年，怎么就轮到朕坐在上面了呢？"

赵匡胤的话音刚落，台下立即鸦雀无声！

这个问题不好回答。说好了，大家呵呵一笑，一杯酒下肚，第二天啥事没有；说不好，官家一声令下，脑袋搬家。所以，大家都不说话！

石守信在下面笑了笑，举起一杯酒，兀自喝下，低头继续装醉！

石守信的这点小动作，赵匡胤看在眼里，可他什么都没有说，他知道石守信在想什么。

想当年，石守信在跟着柴荣干的时候不仅骁勇善战，而且重义轻利，打仗得来的赏赐分文不取，全部分给下属和士兵。

但是，自赵匡胤"杯酒释兵权"后，石守信却像换了一个人，开始追求声色犬马，还疯狂地聚敛财物。当然，对他的这一异常"表现"，赵匡胤比谁都清楚，这是他在向自己表忠心。不过，从另一个意义上来说，这也是在发泄对自己的不满。

史书上说得明白，"（石守信）岂非亦因以自晦者邪？"

翻译过来就是说：石守信为消除皇帝的疑虑，在故意"自污"罢了！

自污也罢，不满也罢，石守信不说话，下边人更是不敢说话的。但是，总不能让官家的提问没有下文吧，那多尴尬！

于是，宰相赵普推了推旁边的石守信说："石将军，你跟官家最久，了解最深，你先说说呗！"

石守信仰头把杯中的酒喝光，酒杯递给旁边的赵普，对赵匡胤说道："臣没话，如果非要臣说，皇上是天子，天下当属天子，有什么可说的？"

赵匡胤捋捋胡子，尴尬一笑，道："石爱卿，你天天跟着那群文人们一起，学歪了！不实在了！"

石守信一身冷汗——自己每天杜门不出，军队的各级将领更是拒不敢见，最多和那群文人们去喝喝小酒，就是怕赵匡胤多心。想不到皇帝居然连这些都知道，看来没少做功课啊。不过，这也说明自己的心血没有白费，最起码命是保住了！

石守信噤声，落座！

2

赵匡胤又把目光转向党进。

党进作为后起之秀、"落后生"中的正规军，既没有跟着赵匡胤打过天下，也没有陈桥的拥戴之功，今天能跟着落座吃饭，已经很能说明他在赵匡胤心中的地位了！

赵匡胤曾评价党进"天真"，文艺点说是胸无城府，通俗点说就是神经大条！

党进见皇帝在看自己，扑通一声跪在地上，道："这还有什么好说的，跟着官家您能天天吃肉、天天喝酒，当然您就能当皇帝了！其他谁当皇帝，我都不服！"

赵匡胤听了，哈哈大笑，道："还是党爱卿最会说话！"

官家都笑了，下边人再紧张也得跟着笑两声，照顾气氛嘛。于是，大家齐刷刷地"哈……哈……"

赵匡胤笑了很久，才抹了抹眼角的泪，歪在龙椅上，道："还有没有人要说？"这时候，在屋子的角落里，一个人颤颤巍巍地站了起来。"老臣符彦卿有话要说！"

3

"老臣"符彦卿，确实够老！

什么三朝元老、四朝元老，在他面前都不够看。因为他不仅是元老，还曾经在五个朝代当过官，服侍过后唐、后晋、后汉、后周、大宋五个朝代十二位皇帝！响当当的"十二朝元老"！

这还不是最厉害的！

符彦卿有三个女儿，这三个女儿中的两个嫁给了周世宗柴荣，并且先后被册封为皇后；最小的女儿嫁给了赵匡胤的弟弟赵光义，也就是后来的宋太宗。赵光义当了皇帝后，符彦卿的第三个女儿不久也被封为皇后！

三个女儿，三个皇后，天下还有谁家闺女能赶上他符彦卿家的？虽然现在符彦卿的三女儿还不是皇后，但已经能够看出他在大宋政治圈经营之久，根基之深。赵匡胤一看是符彦卿，不禁动了动身子，坐正了些，道："请符爱卿赐教！"符彦卿深鞠一躬。

虽然赵匡胤上台伊始就赐符彦卿"上殿不趋、遇帝不跪"的特殊待遇，但符彦卿一次都没使用过，那些仪官们制定的规矩，他和其他人一样不曾有半点疏忽！

符彦卿颤颤巍巍地站起身，轻声道："石将军说得没错，皇上是君命天授，这自然是天之公理！"

说着，他看了看远处的石守信。

石守信身上的冷汗才刚下去，这会儿听到符彦卿在附和自己刚才发泄不满的话，感激地冲符彦卿点了点头。

符彦卿像没看见他似的，继续道："天下自古有德有才者居之。唐亡五十年以来，各方诸侯连年混战，是出了个把英雄人物，这不可否认。但试想一下，这天下的英雄，谁人能有当今陛下您如此大德大才，匡扶社稷、问鼎中原？"

此话一出，大家继续沉默，心里却不住地嘀咕，符彦卿拍起马屁来脸皮也真是够厚的。论打架，刘知远、郭威、柴荣，拉出哪个都不比他赵匡胤差……

符彦卿这一席话，乍一听貌似奉承居多，其实细究一下却也有很多实情：论打架，连慕容延钊、韩令坤这俩人都拜赵匡胤为大哥，谁还敢不服？

听完符彦卿的话，赵匡胤禁不住地高兴，又"豁如"了些，举起酒杯一饮而尽，道："还是符爱卿懂朕！现在军队正好缺一个总统领，符爱卿最适合不过，明天朕就起草诏书宣布任命！"

这个话题一结束，下边群臣又是一阵山呼万岁！

4

夜深了，所有人都走了，赵匡胤意犹未尽，躺在宽大舒适的龙椅上独自喝着酒。

这时候，小太监匆匆跑进来，道："皇上，宰相赵普还在外面候着，说要见您！"

"快请他进来！"

赵普趋至，山呼礼毕，才战战兢兢道："皇上，您真的要任命符彦卿为大将军？"

"是啊！君无戏言！"

"老臣以为不可！"赵普紧张地有些哆嗦。

"为何？"赵匡胤明显有些不快。

"不能让在资历高的军官担任如此要职，否则到时再来一次军事政变，将会动摇社稷根本啊！而且，符彦卿在军中经营多年，根基甚深……"

"朕相信符彦卿不会做出格的事情！"赵匡胤打断了赵普的话。

"知人知面不知心哪！况且他的两个女儿都是前朝皇后，多名外孙在兵变中丧命……"赵普依旧不放心。

"朕没有亏待过符彦卿，他怎么会做对不起朕的事情？"赵匡胤生气了，站起身就要走。

赵普上前一把扯住皇帝的龙袍，道："当年周世宗柴荣可曾亏待了您？您不照样抢了他家的皇位！"

"你……"赵匡胤无话可说，扯开赵普的手，径直进入后殿。

5

第二天，早上。

皇帝赵匡胤刚起床，小太监拿过一封已经写好的诏书，道："皇上，根据昨晚您的指示，枢密院已经写好了任命符彦卿为全军总统领的诏书。枢密使大人说，如果皇上看过没问题就可以盖印颁布了！"

赵匡胤"啊"了一声，接过诏书看了一眼，幽幽地对小太监道："朕说过吗？朕怎么不记得了！"

说着，赵匡胤就把诏书扔进了身边燃着的火炉……

赵普：珍爱生命，远离房地产

1

开宝六年，即公元 973 年，大宋的宰相赵普收到了吴越国主钱俶送来的一封信和十几罐海鲜。

恰在此时，赵匡胤突然来到了相府。

赵普还没来得及打开信，更没来得及打开"海鲜"，否则他肯定会第一时间把这些"海鲜"收起来！

赵匡胤看着廊檐下摆满的罐子问赵普："这是什么东西？"

赵普不敢隐瞒，据实回奏说是钱俶送来的海鲜，自己还没来得及打开。

赵匡胤说，既然是海鲜，肯定很好吃，你打开一罐，我们一起品尝下吧！

赵普不敢违抗圣旨，赶紧打开罐子。

可这一看不要紧，罐子里面居然全是金子！

这下可说不清了，私通外藩，何况此时吴越国并没有完全归附中央。

赵匡胤一下子就把脸拉了下来，不过此时他并不想动赵普，于是打哈哈道："看来钱俶以为国家大事都是你赵普说了算，故意讨好你吧！"

说完，饭也没吃，径直回皇宫了。

2

宋朝建立初期，国家的境况十分艰难。赵匡胤一个人既当"老板"，又要做技术，还要兼职管账。

在管账的过程中，赵匡胤发现了一条生财之道：那时候的大型木材一般都生长在高山密林中。在没有起重机、没有吊车，甚至连一条像样的马路都没有的情况下，这些木材很难通过官道运抵国内的其他地方。而这些木材恰又是建造大型屋宇不可或缺的原材料，所以市场上的价格很高。精明的赵匡胤发现了其中隐含的巨大利润，所以出台规定，把大型木材的采伐、销售权收归政府，严禁个人私下销售。

当时的宰相赵普不知道是不是现代的房地产开发商穿越过去的，因为他们都有一个共同的爱好——盖房子。

有一年，赵普在首都买了一块地，决定盖一所大房子。

可是，盖大房子需要楠木，而开封周边以农耕业为主，哪里有楠木！

不过，这难不倒聪明的赵普。多少棘手的问题都解决了，几根木材还搞不到？

他一面让人到陕西秦岭一带大量采伐大型楠木，一面命人把木材连接成木筏，顺着黄河一路漂到开封。

赵普的这个方法好啊！既不用雇人搬运，又可掩人耳目，神不知鬼不觉地就把木材从几千里外的陕西运到河南来了！

但他忽略了一点，运木材占用了公共交通资源——漕运。

赵普为了自己建房子，私自采运木材，已经构成违法；占用河槽公器，私运物品，又是罪加一等。

更让人无语的是，赵普的那些手下一看宰相自己都公器私用，我们为什么不能？于是，他们打着赵普的名义私运了很多木材，然后在京城内贩卖，牟取暴利。

天下没有不透风的墙，这个事情很快被人偷偷地告知了赵匡胤。

赵匡胤听说此事后暴跳如雷，责令有关监督检查机构迅速查清此事，并且要把赵普流放！

多亏王溥（前任宰相）求情，才免了赵普的罪。

3

赵普有惊无险地逃过皇帝的制裁，皇帝本以为他会有所收敛，最起码别再建那么多房子。可事实是，他不仅毫无节制，还继续在房地产开发领域一路狂奔。这年，建房子有瘾的赵普决定再扩大一下住宅面积，可是自己家屋子的后面正好是皇帝的菜园子。于是，自认为是皇帝铁哥儿们的赵普居然用自己的一块劣质土地私下换取了皇帝家的菜园子。

这事儿大了！你赵普官大欺负别人也就算了，居然欺负到皇帝的头上来了！知道真相后的赵匡胤火冒三丈，立即下令剥夺赵普的丞相职位，调出京师，出任河阳节度使。

说实话，赵匡胤对赵普的处理算是宽容的。如果赵普晚生几百年在明朝那位朱重八皇帝手下干，估计早就被扒皮、夷族了！

此案后，赵普再没有在赵匡胤一朝抬头，一直到赵匡胤去世，他都只能在河阳待着。

后来，赵普东山再起，再度入阁拜相，已经是赵光义当皇帝之后的事了！

赵匡胤：我要"重文抑武"

1

宋初某夜，进了城坐了龙椅的赵匡胤突然又"豁如"了，他决定请人喝酒吃饭！

与以往专请武将喝酒谈天有些不同，这一次，赵匡胤除了请驻京武将、节度使们参加以外，他还请了不少文人！

说实话，赵匡胤打心眼儿里瞧不起这些文人！天下嘛！秦皇汉武，就连相去不远的刘知远、郭威他们，哪个不是靠自己手里的刀枪赢得了天下？靠这些文人，能干成什么事儿！

而且，你别看这些文人天天君子道义地挂在嘴边，表面虽然一团和气，但内心龌龊得很。别的不说，仅他们内部就分成好几派，有赵普为代表的"经世致用派"，有范质这帮学八股写作文出身的"清谈派"，还有一批以樊若水这些为代表专门修桥架梁的"技术流"！这些人在朝堂之上整天吵个没完，赵匡胤看在眼里，烦在心里。

武将们就不一样了，大家都是一起砍人头的交情，说重了说轻了，这帮大老粗们都不会往心里去。今天打架，明天可能就又在一个桌上喝酒了。而且，这帮人心眼儿实，只认赵匡胤一个大哥。

"陈桥兵变"，自己不就是被这群五大三粗的兵头们抬上宝座的吗？什么是忠？这就是忠！

所以，赵匡胤决定把朝中的文臣武将们都叫来，一起喝个酒吃吃饭，让这些文人们也学学。

2

官家请吃饭，礼部很给力，组织得很成功！大殿里的座位都坐满了。酒过三巡，大家都有些微醺！

看大家都喝得差不多了，赵匡胤才站起来，准备说话，原本窃窃私语的大臣们立刻安静下来！"爱卿们，朕登基也有一阵子了，在这段时间里一直有件事情困扰着朕，还请大家帮着出出主意！"

什么是说话的艺术？这就是。

本来是说"有件事要你们干，干不成杀头"的，硬被说成了"帮着出出主意"！但是如果这时候你真冲出来"帮着出出主意"，那你就等死吧。

官家是什么人？他能让那些手里握着刀把子的军头们服服帖帖地给披上黄袍，难道主意还没有你多？说这句话的意思，其实只是谦虚一下，就像当年军头们把他往龙椅上架的时候，"固拒之"是一样的。

这些道理大臣们其实也都明白。所以，大家都默不作声，翘首以待赵匡胤继续把话说下去！

赵匡胤干咳两声，继续道："朕登基以来，一直有臣工问，前朝的皇帝该怎么处置？"

一听这话，所有人都不敢吭声了。

前朝皇帝？就是后周世宗柴荣不到十岁的儿子，周恭帝柴宗训。赵匡胤"陈桥兵变"就是抢了他的皇位！

历史上夺权篡位的人多了去了，但无论是谁，只要当了皇帝，第一件事就是把前朝皇帝给砍了！别说是赵匡胤和柴宗训，即使是亲父子、亲哥儿俩也概莫能外！但是，赵匡胤兵变后，非但没有杀掉柴宗训，还把他一直好吃好喝地养在皇宫中。这除了因为赵匡胤和柴荣之间曾经莫逆的关系之外，主要是因为赵匡胤一直以"忠义"自居。杀了柴宗训就等于扇了自己的脸，所以，赵匡胤没这么干。

皇帝的话只说了一半，很难判断出他的真实意图，所以大家依旧默不作声！赵匡胤理解这些官油子的套路。看大家不说话，他顿了顿，继续道："当然了，皇宫足够大，前朝皇帝住在这里也没关系，也不缺那几进院子。但是，有人总是说什么'国无二主、天无二日'啊，烦得很！今天就请你们来拿拿主意吧！"

现在，赵匡胤把话说明白了，柴宗训是杀是留，就听你们的了！

其实，在座的各位心里都清楚，不管是姓赵的、姓石的、姓韩的，以前大家都是周朝柴家的奴才。赵匡胤当了皇帝，大家一起跟着改拜了码头。

改拜码头没有关系，一朝天子一朝臣嘛！但是，换了主子就说要把前主子给杀了，那就太不地道了。而且，谁第一个提出来，史官们就会记录在册，这个人是要遗臭万年的。虽然"名声"这个词也不值几个钱，但有总比没有好吧！

当然，大家也明白，赵皇帝不杀柴皇帝，也是为了自己的"名声"！那可是自己结拜大哥的儿子，人家当年怎么对你的？你现在要杀了人家儿子！

所以，赵皇帝不仅不能说"杀"，而且要好吃好喝地养着他，这样才能显示出赵皇帝的"仁""义"！

"仁""义"这两个字自从被孔老夫子提出来，就成了许多帝王治国之根本，任何一家王朝要想统治长久都离不开它！

所以，赵皇帝平时都"豁如"得很，唯独对待这件事情小心谨慎。

既然皇帝都小心谨慎，下边的人就更不敢造次，所以大家还是低头不语！

3

看大家都不说话，赵匡胤有些不高兴。

武将们今天的表现有点儿差劲。当年那股子领头兵变、气宇轩昂的狠劲儿哪去了？兵变都兵变了，杀个人都不敢了？现在是你们表忠心的时候，不仅要表给我赵匡胤看，还要表给这帮酸文人看，代表所有的军队表给全天下的百姓看。可是，现在你们都为了自己那点不值一钱的名声，成了缩头乌龟！

宰相赵普知道，如果没有人说话，官家会很尴尬的。如果让官家尴尬了，这满朝文武都没有好果子吃，首当其冲的就是自己这个宰相。所以，他用胳膊捅了捅隔壁的王彦升！

王彦升是赵匡胤登基的推手之一，也是第一个从陈桥驿领兵杀进城的将领。当年，黄袍加身的赵匡胤任命王彦升为前锋，带领禁军精锐先期进城逼宫。王彦升不辱使命，带兵强入京城，杀死抵抗的禁军留守韩通，灭了韩通满门。

杀死韩通，王彦升犯了大罪，理应受到处罚。最后，在赵匡胤的授意下，只给王彦升一个口头警告。不久之后，王彦升不仅官复原职还升了官。

王彦升知道自己已经顶了一顶"谋反不忠"的帽子，而且之前也是自己带头进的城，带头杀的人，带头逼的宫，看来今天这个头也只能自己带了！

他看了看赵普，又看了看眼前威严的皇帝，只好低声道："自古国无二主，既然陛下已经登基，那处死前朝皇帝也在情理之中！"

王彦升的声音虽然很低，但是足以打破殿内的宁静。看到有人带头了，所有的武将们都激动地议论起来。"对，天无二日，应该处死柴宗训！""处死柴宗训！"

······

赵匡胤坐在龙椅上，他看着台下这群义愤填膺、摩拳霍霍的武将。说心里话，他内心里还是想杀掉柴宗训以绝后患的。

刚才没人表态的时候，他有些生气。但是，现在这些武将们要处死柴宗训的时候，赵匡胤反而感觉有些心寒！看来自己低估了这帮军头们，他们并不是莽夫，他们的心比谁都细。什么赵大哥、赵官家，他们根本就不在意。今天他认你当赵官家，明天就可能认个韩官家、李官家。他们在意的只是自己的荣华富贵，这也是忠？

赵匡胤不露声色，环顾四周。几乎所有的武将都在议论如何除掉柴宗训及那几个柴氏后人，只有少数几个文臣加入其中，大部分文臣或正襟危坐或低头不语。

他转头一看，角落里的一名大将在兀自喝酒，于是道："潘美？你怎么不说话？说说你的意见！"

那名大将缓缓站起，躬身一拜，双眼噙满泪水道："臣潘美，当年为周世宗臣子，劝皇上杀世宗遗孤，是对世宗不义；不劝皇上杀他们，是对您不忠。所以，臣无话可说！"

赵匡胤心中一凛，递到嘴边的酒又放了下来……

这时候的文臣似乎受到了激励，也都开始交头接耳，从眼神里能看出他们对武将们的鄙夷！

正在这时，一个中年人的哭声传来，近乎号啕。赵匡胤眼睛一瞥，是学士王著。

"王著，你哭什么？"赵匡胤心里有些不快，不高兴道。

"臣不敢说！"

"赐你无罪！"

"那臣就斗胆进言了。皇上世受周朝厚恩，又蒙世宗托孤之重，今日却议处死柴氏后人……"

"那你还是别说了！"赵匡胤怒火中烧，大声打断了王著的话，看了一眼那些唯唯诺诺却眼里含泪的文臣们，大声喝道："来人，把王著给我乱棍打出去！堂堂朝廷大员，庙堂之上哭哭啼啼，成何体统！"

……

4

第二天。

赵匡胤传旨道："传朕两道密旨。第一，即日起，命前朝世宗皇帝的遗孤迁出皇宫，秘密送入大将潘美府中抚养，一应费用从朕这里划出！第二，着枢密院起草诏书，翰林学士王著升任为大学士，总理政府科举事务！朕要让他帮朕多选几个靠得住的人出来！"

说完，赵匡胤把笔一扔，径直向后殿走去。

小太监赶紧捡起笔，放回书案，铺开的宣纸上，四个大字赫然在目：

"重文抑武"。

李煜、李从善、林仁肇：被坑惨了！

1

公元972年，开封，深夜，皇宫内灯火辉煌。

原来赵匡胤正在搞一次宴请，宴请的对象是南唐皇帝李煜的亲弟弟郑王李从善。

宋人豪奢，又是国宴，就要有国宴的范儿。直到赵匡胤、李从善两人喝得都有点儿多，好戏才终于开演！

赵匡胤搂着李从善的脖子，端杯子的手不住地颤抖，里面的酒洒了大半。"从善兄弟啊，你看我们大宋怎么样？"

"大宋好啊！国富民强。"

"哈哈哈，兄弟真会说话。我大宋以后会更好！因为我有一群给我卖命的好兄弟，我都把他们的画像挂到了功勋阁里。""呦，第一次听说还有功勋阁，能否让下臣一睹为快？""这是我大宋朝的最高机密，轻易不让人看。不过，今天对兄弟破例一次！"

说着，赵匡胤拉着李从善的袖子，两人一前一后，跌跌撞撞地向后花园走去。推开功勋阁的大门，李从善顺着赵匡胤的指引向墙上看去，上面有慕容延钊、韩令坤、石守信、王审琦……

突然，李从善在一个角落里发现了一张很眼熟的画像。

"请问陛下，这位是？"

赵匡胤揉了揉眼睛，一脸惊恐道："呦，这个嘛，这个没什么……"

"可是下臣看着很眼熟，莫不是我唐朝的林仁肇将军？"

赵匡胤紧张地一把把李从善从功勋阁中拉了出来，吞吞吐吐地道："正是。噢！不是……"

"……"

看着李从善的马车走远了，原本站在门口跟跟跄跄的赵匡胤这才一把甩开扶着自己的太监，大踏步向内室走去。

烂醉如泥的李从善被下人扶进客房，听得宋朝送行的官员脚步声渐远，这才猛地从床上坐起来，铺开宣纸，给他的皇帝哥哥李煜写了一封信：

林仁肇要反，速除去！

2

林仁肇，南唐大将，出生在闽国，武艺高强，作战勇猛，时人称之为"林虎子"。

闽国被南唐灭亡后，林仁肇归顺南唐。

公元 956 年，后周进攻南唐。南唐主帅、李煜的叔叔李景达带领的各路大军被后周打得丢盔弃甲，一时举国无将。

最后，皇帝李璟力排众议，决定启用闽国降将林仁肇。

林仁肇接受的第一项任务是带领两千人去援救被后周军队团团包围的寿州。

当时围攻寿州的是后周世宗皇帝柴荣，他集中了后周的绝对主力把寿州围得如同铁桶一般。

两千人去对抗后周皇帝亲自带领的四五万绝对精锐，在任何人看来这都是以卵击石。也许当时李璟也只是想给寿州一个心理上的安慰，对于解寿州之围并没有寄予多大的希望。

可是林仁肇不这么想！

得到命令后，他立即带领两千骑兵迅速向寿州杀去。

第二天清晨，后周军队还在睡梦中，林仁肇就已经到了寿州城南。

敌人太多，自己的人数太少，所以要想取胜只有一个机会——速战速决！在对方摸清自己的底细之前迅速打垮对方。

于是，刚刚集结完毕的南唐骑兵，在林仁肇的带领下对山下的后周军队发动了攻击。

战斗进行得很顺利，林仁肇的骑兵在后周的城南大寨一阵厮杀，见人就砍，见马就杀，等柴荣反应过来，城南大寨已经被攻破。寿州之围解除！

解除了寿州之围后，按说自己的任务已经完成，可以带兵返回都城。

可是杀人上瘾的林仁肇并没有就此罢兵，而是带领骑兵昼夜兼程，连夜杀奔濠州。

此时，后周的军队正在围攻濠州，在濠州城外架设水栅。林仁肇故伎重施，以"闪电战"一举击溃后周水军。濠州之围解除！

八月，后周在正阳架设浮桥，试图越过被南唐重兵防守的淮河。此时，负责淮河防卫的正是林仁肇。他带领一千人的敢死队，乘着数艘小舟，载满柴草、硝石，打算焚毁浮桥。

可是在出兵之前，林仁肇可能忘了看皇历，船到了浮桥那儿突然风向大变，桥没有烧到反而把自己给烧了。

后周军队趁此机会全力进攻，渡过浮桥。大势已去的南唐军队纷纷撤退。林仁肇单枪匹马立于桥端负责断后，颇有当年张飞当阳桥头喝退曹兵的气势。他挥舞手中的砍刀把那些试图渡河的后周军士纷纷砍落马下。后周弓弩手开弓，林仁肇依旧不退。带兵的后周将军见林仁肇如此勇猛不敢轻易进军，竟领兵退去了。

淮河警报解除！

战后，林仁肇被提拔为镇海军节度使，镇守江西重镇南昌。

赵匡胤篡位登基后，一直想灭了南唐。可是，南唐这个林仁肇忠肝义胆、勇武非凡，有他在，赵匡胤不敢轻易出兵。

既然战场上解决不了林仁肇，只好用计谋了！何况，这也是赵匡胤所擅长的！

所以，赵匡胤决定请来京进贡的李从善吃饭，就有了前面的故事。

3

收到李从善的信后，李煜一时也陷入两难，林仁肇到底有没有异心？

人一旦到这种时候往往会求助于身边的人，希望他们能帮自己找到答案。为了保险起见，李煜找了两个人：皇甫继勋和朱令赟。

李煜的出发点是好的，这两个人和林仁肇在军中分掌兵权，对林仁肇相当熟悉。

熟悉归熟悉，但是他却忽略了一点：皇甫继勋、朱令赟两人都是南唐旧臣、官宦世家，皇甫继勋的爹当年更是干到节度使加同中书门下平章事的位置。而林仁肇却是咸鱼翻身，靠着自己的不懈努力，腰上别着人头，舍命杀敌，才换来个将军封号。

林仁肇看不上皇甫继勋、朱令赟这群皇亲贵胄，不学无术却和自己平起平坐，而两人也和这位整日同士兵混在一起的将军谈不到一起去！时间久了，三人之间的矛盾已经无法调解。

皇甫继勋、朱令赟两人见了李煜之后便对林仁肇一阵痛贬，并且把各种子虚乌有的事情联系在一起——林仁肇不在南唐买地置业是不是想着去汴京买，林仁肇不纳妾是不是看上了汴京哪个大臣家的闺女……

最终，三人得出了结论——林仁肇要谋反！

4

送走皇甫继勋、朱令赟两人，李煜还是不放心。他决定叫林仁肇来京对质！林仁肇这个人忠肝义胆，武艺高强，打仗无人能及，但是也有一个致命的缺点——脾气火爆！

李煜诗文才情冠绝天下，但是没有明辨是非的能力。

当这两种性格迥异的人进行对话时，那永远都不会在一个频道上！李煜："有人说你谋反？"

　　林仁肇："谁说的？"

　　李煜："你别管谁说的？你就说你有没有谋反？"

　　林仁肇："我知道是谁说的。"

　　李煜："你有没有谋反？"

　　林仁肇："肯定是皇甫继勋、朱令赟两人！"

　　李煜："你到底有没有谋反？"

　　林仁肇："现在我就带兵去杀了这两个奸臣！"

　　李煜："你先别去。我们也多日不见，喝了这壶酒再走不迟。"

　　于是，林仁肇接过李煜递上来的酒，一饮而尽！

　　……

　　还没等林仁肇召集兵马去找皇甫继勋、朱令赟算账，就倒在了皇宫外面的马道上，七窍流血而死！一代不世将星就此陨落！

　　林仁肇既死，赵匡胤再也按捺不住灭南唐的决心。

　　公元974年，赵匡胤多次征召李煜入京见驾，李煜都以各种理由推辞不去，赵匡胤遂以此为借口任用曹彬为大元帅进攻南唐！

樊若水：我要让全天下的人记住我的名字！

1

宋初，江南。

南唐首都金陵的贡院，一群人围在门外——今天是三年一度的科考放榜的日子！

有的人焦躁不安，有的人故作镇静。大家交头接耳，压抑的情绪弥漫在整个贡院外的空气里！

突然，一个中年人的出现引起了人群的一阵骚动。

来人虽然清瘦但精神矍铄，洗得发白的青衫难掩他的脸上大写的两个字——自信！

"樊兄，此次考题'三江既入'解，正中您的下怀。今年肯定高中魁首了！"一个年轻的小伙子向来人拱手道。

"是啊！以樊兄名满江南的才气和冠绝天下的文章，十年前就该中榜。"另一人附和道。

青衣男子并没有理会他们的恭维和议论，兀自走上贡院门口的台阶。

恰在此时，贡院的大门轰隆隆打开，里面一个清脆的声音传来："开榜了！"男子打了一个激灵，也顾不上刚才排得井然有序的队伍，第一个冲了进去。顿时，人群蜂拥而至，直扑到院子里一堵贴着红纸的石墙前。

有人大叫："苍天啊，我终于中了！"

有人大喊："我中了！二甲第十名！"

也有人气得大骂："又陪考一次！"

……

刚才的青衣中年人趴在石墙上，今年的三百多名中进士的人里面怎么没有一个姓樊的？一定是刚才没看清楚！

他又睁大了眼睛看了一遍，没有，这不可能！于是，他又从头到尾仔细找了一遍，还是没有！

……

天慢慢暗了下来，周围的人越来越少。

突然，一双大手从背后一把扯住了青衣男子的衣领，瓮声瓮气道："天都黑了，我们要关门了！看你个穷酸相也不会中榜，别看了！"

青衣男子这才转过身来，眼前的一切有点儿模糊，他只看见一个黑衣莽汉手执扫帚正凶狠地看着自己。

又没中！

青衣男子轻叹一声，这一切都结束了，二十年苦读换来名满江南，却进不了庙堂，时也！命也！

想到这里，男子挥拳向眼前的石碑砸去，顿时鲜血四溢，洇湿了眼前的皇榜。

"你居然敢污损皇榜，罪该万死！你叫什么名字？我这就去上报，治你个大不敬之罪！"刚才的黑衣莽汉吓得面如死灰，大声呵斥道。

青衣男子哈哈大笑，转身向贡院门外走去，边走边大声道："我姓樊名若水！迟早有一天，我要让全天下的人记住我的名字！"

2

公元 974 年，宋朝皇帝赵匡胤决定派名将曹彬为统帅，征伐南唐。

在出征之前，赵匡胤把曹彬叫到皇宫特赐给他一把尚方宝剑并晓谕群臣：曹元帅此次出征事关国家大局，特赐给他这把尚方宝剑！凭此剑曹元帅可斩副将以下各级将领，无须请示！

经过灭蜀之战，曹彬一战成名，成为宋初继慕容延钊之后又一位难得的将才。但此次出兵，曹彬并没有全胜的把握。他深谙南唐地处江南水乡，气候温热，境内河网密布，再加上长江天险横亘千里，想靠北方的步兵及骑兵取胜，谈何容易。

最主要的是，南唐有一支天下战斗力最强的水师，纵横江南几十年。当年后周世宗柴荣两次南征都收效甚微，很大程度上是这支水师在关键时刻发挥了作用。

所以，要想取胜，必须训练一支能够与南唐水师实力相当的水军！

于是，曹彬决定兵分两路，自己带领副将李汉琼等先赴长江上游督建水师，另外派大将潘美带领步军后行。

但曹彬到了荆南之后遇到了一个难题——自己带来的李汉琼等人都是北方人，对于水师作战经验有限，要想短期内建造战船、训练出一支能够实战的水军几乎是不可能的！

就在这时，赵匡胤给曹彬送来了一个人，此人的到来直接决定了此次南征的成败！

此人的名字就叫樊若水！

3

经过上次贡院风波之后，樊若水终于决定不在这里考了！

可是，不在这里考能去哪里考？樊先生很快找到了下家——大宋。

当今的天下，又不只是你南唐李氏的天下。此处不留爷，自有留爷处。樊若水决定去大宋参加考试！

可是，此时的樊若水又遇到了另外一个问题：自己的"国籍"是南唐，在大宋也没有学籍啊，没有学籍就不能参加考试！

而要想办理学籍，则需要大宋皇帝亲自审批。

既然大宋皇帝赵匡胤说了算，那就只有贿赂一下大宋皇帝了！

可是，人家赵匡胤是当今天下最大的地主，家里什么珍宝没有，礼物轻了人家不会收的，说不定还会被乱棍打出来。

既然送礼，就要送全天下最重的礼物！樊若水想了很久，天底下能入赵匡胤法眼的礼物也许只有一个——南唐江山！

樊若水，江南一介书生，却要把南唐当作礼物献给赵匡胤，这个想法出来的时候，估计他把自己也给吓了一跳。

可是樊若水是个说干就干的人，他知道赵匡胤觊觎南唐国土已久，只是由于两国被长江天险所隔，江北又没有有实力的水军，所以一直迟迟不肯发兵江南。既然宋军惧怕长江天险，那我就给他修一座"长江大桥"！既然宋朝没有水师，那我就送它一支能够战无不胜的水军！

4

打定主意要贿赂大宋皇帝的樊若水，从此不再读那些经史子集文科类读物，而是开始研习战船建造、桥梁设计、水文监测等理工科教材。几年下来，他竟然成了这方面的专家。

可是这还不够！他还需要长江的第一手水文资料，尤其是长江最窄处采石矶（今安徽马鞍山）周围的水文情况，这里是发动渡江作战的最有利位置。

可是，长江采石矶作为南唐的重要军事设施，怎么会允许一个书生去测量呢？别说测量，就是靠近估计都很难！

既然常人不能靠近长江，那就别做常人了！

于是，樊若水狠了狠心，通过熟人介绍走进了采石矶旁边的广济寺，要出家！古时候，出家为僧还算简单，手续办理也不复杂，何况樊若水通过熟人介绍，又为寺庙捐赠了一大笔钱，终于顺利成为该寺的一名僧人！

当和尚也要送礼，苦命的樊若水只好把苦往肚里咽！不过，他坚信，现在这个世界欠他的，以后赵匡胤都会加倍还给他！

当了和尚的樊若水每天并不念经，也不打坐参禅。谁让人家是走后门进来的呢，方丈不管也就无人过问！

樊若水当了和尚后，每日的工作就是一大早带着鱼竿跑到山脚下的长江边上钓鱼。这个画面就比较诡异了，一个不吃荤的光头和尚，整天坐在江边钓鱼。

不管怎样，反正樊若水没有遇到阻挠。他有时候还会坐上小船，来回奔波于江上，傍晚方归。

用这种方法，樊若水在江上奔波数月，竟然把采石矶周围数十里的江面宽度测了出来，并且写了一本书。他为这本书取了一个很牛的名字——《横江图说》。督军造船的本领有了，临险架桥的技术会了，《横江图说》也绘完了，现在的樊若水还有最后一件事情要做——偷渡！

5

樊若水的偷渡计划很成功，他很快见到了大宋的皇帝赵匡胤。

当呈上自己的《横江图说》时，他从赵匡胤的表情变化中就已经猜到了结局——学籍有了！

赵匡胤的表现比樊若水预想的还要大方，不仅给了他学籍，允许他在宋朝参加科举考试，而且直接给了他一个官：不用等着中进士再效力国家了，直接去曹彬军中吧！

就这样，樊若水来到了曹彬的大营中！

在樊若水的指挥下，工匠们很快造成了黄黑龙船数千艘，龙船沿着长江顺流而下，舳舻蔽天，杀奔南唐。

6

公元 974 年八月，曹彬的水军一路顺江而下。一战，攻破池州，池州守将败逃。

随后，曹彬挥师南下。

二战，攻打铜陵，南唐铜陵守军全军覆没。

三战，曹彬攻克江北重地石牌口，驻军江北，夺取采石矶北岸。此时，潘美带领的大宋步兵连克数寨，与曹彬在采石矶会合。

樊若水修习桥梁建造技术十几年，现在终于到了用武之地！他根据当年积累的水文资料，命令大军把原来的那些巨筏相互连接，以当年江内所沉巨石为桥墩固定巨筏，只用了三天时间，一座颇有现代感的"长江大桥"建成通车了！

十一月，曹彬指挥潘美的大军作为长江大桥的第一批"乘客"顺利渡过长江，杀奔南唐的增援部队。

十二月，宋军直捣南唐的军事重地白鹭洲，白鹭洲陷落。公元 975 年一月，宋军攻打新林港，新林港沦陷。

此时，宋军已经兵临南唐首都金陵城外，南唐朝廷危如累卵。赵匡胤只需要再动一下手指头，南唐方圆千里的国土就是自己的了！

一起骇人听闻的吃人事件

1

公元 975 年，南唐。

宋朝的大军在名将曹彬的带领下，建浮桥、渡长江，一路势如破竹，直扑南唐的首都金陵。

而金陵城内，皇宫的金殿里正在举行一场以诗词为主题的宴会，丝毫没有敌兵压境的紧张感。

宴会刚开始，李煜便从前排中间的位置上站了起来，手捋胡须，低声吟道：

> 樱桃落尽春归去，蝶翻金粉双飞。子规啼月小楼西，玉钩罗幕，惆怅暮烟垂。

一首《临江仙》上阕既成，文艺小清新的范儿扑面而来。

"樱桃落尽""蝶翻金粉""子规啼月"，一时银月衔窗的江南美景尽收李煜囊中。

台下掌声雷动！

大家翘首以盼这首词的下阕会不会笔风一转，直奔本场宴会的主题？这才是今天的重头戏。

古往今来，多少文人墨客，尤其是前朝以李、杜、元、白为首的那些诗人们把风花雪月描写了一个遍，剩给李煜这些晚辈们的新词儿不多了。就看今天他怎么继续表演了，是否能超过前人在此一举！

就在大家翘首以待之时，一名小太监突然闯了进来，打乱了宴会的平静。他跌跌撞撞地扑倒在地上，冲着台上正要吟诗的李煜大声喊道："皇上，不好了！宋朝的大军已经打到金陵城外了！"

"早上皇甫将军不是还回报说宋军远在长江以北的采石矶吗？怎么突然就到了金陵城外了呢？"李煜一时无法相信。

"奴才也是这么认为的。可是刚才，奴才打算出城，却见金陵城门紧闭，城墙外的宋军黑压压一片，把金陵围得像铁桶一般。这才赶紧来汇报了！"

李煜吓得面如死灰，手里的笔也不知何时滑落到了地上。过了好一会儿，他才歇斯底里地喊道："快传皇甫继勋入宫！"

2

皇甫继勋，江湖人称"毫无战功厚颜无耻官二代"，在南唐的职位是陆军兵马大元帅。

皇甫继勋的爹，名叫皇甫晖，前任南唐军队总将领。如果非要给皇甫晖扣一个类似他儿子那样的头衔的话，就是"臭满宇宙超级大无赖"！

"无赖"这个帽子不是世人给他扣的，是几十年后著名的大文豪欧阳修说的，原话是"晖为人骁勇无赖"。

皇甫晖一开始是后唐的军卒。有一天夜里，皇甫晖与人赌博输了，没有钱还赌资，他就与人一起杀了赢钱的人，发动了叛乱。所以说，赌博有风险，赢钱需谨慎！

皇甫晖发动叛乱后，大肆屠城。

他带人到一户百姓家中，问"姓什么"，百姓回"姓国"。皇甫晖道："姓国！意思是说我就要破国。"于是，他便杀了这个百姓全家。

他又到一户百姓家中，问"姓什么"，百姓回"姓万"。皇甫晖道："那意思是我要杀一万家。"于是，他又杀光其全家……

后唐灭亡后，皇甫晖投奔后晋。

后晋被辽国所灭后，皇甫晖率家人投奔南唐。

自从到了南唐，皇甫晖混得顺风顺水，一路从歙（shè，安徽地名）州刺史，干到南唐军队总统领。直到后周柴荣南征，在滁州战役中，身为将军的赵匡胤一刀砍中了皇甫晖的脖子，将其活捉。

皇甫晖不久即亡，有关他的神话才落下帷幕。

皇甫继勋子代父职，光荣地成了南唐帝国军队的一把手！

3

皇甫继勋当上一把手之后，面对的第一个问题就是宋朝军队的进攻！

宋朝皇帝赵匡胤有精兵百万，有曹彬这样的良将数百，又有著名的桥梁建筑专家樊若水的相助，宋军很快渡过长江天险，一路攻城略地。

而皇甫继勋作为南唐最著名将领的直系传人，他很伤心！

别人都说我很有才，所以我不能失败！即使失败了也不能承认失败！

最终，他做出了一个大胆的决定——扣留战报，并以军务繁忙为由拒绝向皇帝汇报工作。

其结果是，李煜对前方的战况知之甚少。宋军兵临金陵城下的时候，他甚至以为敌人还未渡过长江呢！

可是，皇甫继勋也清楚，这种隐瞒不会长久，李煜迟早会知道的。

而要想保住自己的荣华富贵，只有一条路——在被李煜发现自己的败绩之前，先投降宋朝！

所以，皇甫继勋在隐瞒战报的同时，不遗余力地劝说李煜和其他大臣投降大宋。

但是，令他始料未及的是，虽然文人清谈误国，但是文人也忠国——李煜宁死也不投降，还要找宋军死磕！

无计可施的皇甫继勋只好继续隐瞒，另外排挤军中主战的将领，甚至把主战派将领鞭笞致死。

现在，他终于瞒不住了！

4

皇甫继勋跪倒在李煜的面前。

说实话，他打心眼儿里瞧不起坐在龙椅上的这个文文弱弱的皇帝——除了风花雪月、吟诗作对，他还会做什么？

但是现在，他必须低下头。

李煜怒道："敌兵压境，国土尽丧，大元帅你为何知情不报？"

皇甫继勋跪在地上，他不想低头，无赖怎么能向文人低头？而且，现在敌兵围城，南唐危在旦夕，如果没有了自己这个统帅，南唐分分钟被灭。李煜现在依旧称自己为大元帅，那说明他不敢杀自己，还需要自己领导军队！

想到这里，他昂起头，略带不屑地道："报给您有什么用？您会带兵吗？"李煜气得吐血。身为皇帝，还从来没人敢这么怼他！不过，他不想杀人，杀人是粗人的行为，而自己是文人，于是继续道："敌人已经兵临城下，你为何还隐瞒军情？"

皇甫继勋似乎此刻已经想明白了，李煜绝对不敢杀自己，懦弱的人终究是好欺负的！

于是，他继续回答道："宋军势如破竹，锐不可当，就算您知道了，可有什么对策退敌？不如我们投降吧！"

投降！终于，这个词激起了文人李煜内心深处最后的反抗！

投降？难道自己要像陈后主、隋炀帝一样成为亡国之君？难道自己要背负这千古骂名？

朕做不到！死也做不到！

朕是皇帝，是大唐的皇帝，朕绝不投降！

于是，他手指皇甫继勋，坚定地道："不！"

过了一会儿，李煜终于下定决心。他回过身，轻声道："皇甫继勋，你身为全军统帅，不思尽忠报国，却私截军报，动摇军心，罪该万死！来人，把这个无赖、流氓推出去斩了！"

此时，皇甫继勋终于为自己的无知付出了代价——刽子手还没有动手，对他恨之入骨的士兵们就一拥而上，把他乱刀砍死直接生吃了，很快皇甫继勋就剩下了一副血淋淋的骨架！

史载，"军士云集脔之，斯须皆尽"。

……

5

皇甫继勋死了。

李煜盛怒之后，身心憔悴，他不知道自己接下来还能做什么，颓然地走在寂无人声的花园中。

上午的宴会被打断，酒杯餐具都还没来得及撤掉，风吹得呜呜作响，地上的残纸、垃圾乱飞。

他随手捡起一张被人遗弃的残纸，潦草的字迹书写的正是自己那首刚写了一半的《临江仙》：

> 樱桃落尽春归去，蝶翻金粉双飞。子规啼月小楼西，玉钩罗幕，惆怅暮烟垂。

李煜惨然一笑，两行热泪涌出，低声吟出下阕：

> 别巷寂寥人散后，望残烟草低迷。炉香闲袅凤凰儿，空持罗带，回首恨依依。

卧榻之侧，岂容他人酣眠？

1

公元 975 年，长江，星夜。

一支舰队正自西向东顺江而下。

这支舰队虽然规模宏大，但是悄无声息，足见军队训练有素。

舰队中最大的战舰足以容纳千人，舱内灯火通明，一名小校自外跑入："报告大帅，前方江面发现敌军！"

船舱中间的太师椅上坐着的是一位英姿飒爽的中年将领，银衣铠甲，甚是威武，问道："敌军有多少战船？"

小校道："旌旗蔽空，一时无法数清，仅从桅杆数量来看至少也有数百艘！""数百？曹彬率领的宋军不是正在全力围攻金陵吗？他们怎么可能有如此多的水军驻防江面？一定是疑兵！命令前军全速前进！"

小校得令正要下去，中年将领又把他叫住："慢！此处是什么地方？""回将军，此为皖口。"

皖口？也就是说，此处距采石矶只有一天水程了！

中年将领沉吟了片刻，果断下令道："命令前军立即停靠南岸皖口，天亮再出发！"

中年将领名叫朱令赟，是南唐的水军大元帅！

此时，宋朝正发动针对南唐的征伐战争。宋将曹彬率数十万大军在造桥专家樊若水的帮助下轻松地渡过长江天堑，直抵金陵城下。曹彬的战术很明显——围城打援！

他就是要把金陵紧紧围住，但是并不发动大规模的攻城战，迫使南唐皇帝李煜不停地调动周边城池的卫戍部队前来勤王。

其结果就是，曹彬率领的宋军以逸待劳，坐在金陵城底下就把南唐周边的城池一个一个吃掉了！

2

深夜，南唐首都金陵。

李煜已经很久没心情写词、唱曲了，此刻，他正在焦急地等待着前方的战报。"朱令赟出发了吗？"

"根据刚刚得到的消息，朱令赟昨晚就已从湖口出发，明日即可抵达采石矶！"一名上了年纪却精神矍铄的大臣回答道。

这名大臣名叫徐铉，与江南第一才子韩熙载号称"江东韩徐"，以能言善辩著称，摸爬滚打五代十国外交圈多年，纵横捭阖，巧舌如簧。

李煜和徐铉名为君臣，其实更是好友。当年没有战乱的时候，两人经常一起吟诗作画。

不仅如此，二人还是打牌的高手！面对宋朝的进攻，他们会认真打好手里的每一张牌！

3

战争伊始，李煜的手里有三张王牌。

第一张，皇甫继勋及其率领的十万步兵。

面对宋朝的进攻，李煜一开始并不特别着急。

因为他知道皇甫继勋手里的这十万步兵是跟随老皇帝李璟打天下的精锐部队，即使不能把宋军赶出南唐，最起码可以拖住他们的进攻步伐。如果能拖个一年半载，断水断粮的宋军说不定自己就退了。

可是，令李煜万万没想到的是，皇甫继勋手里的这十万士兵还没来得及发挥作用，就被曹彬团灭了。一气之下，李煜把皇甫继勋拉到宫外杀了。

第二张，朱令赟及其手里的十五万水师。

李煜没有了陆军，但是他手里还有驻扎在湖口的十五万水师，主帅也是个"官二代"，名叫朱令赟。

朱令赟出自将门，水战经验丰富。面对宋军对金陵的围攻，他并不着急派兵救援金陵。因为他知道，如果贸然前去勤王，那是找死。到时候不仅解不了金陵之围，说不定南唐的这点家底也会被自己败光。

研究一番后，他果然找到了宋军的一个致命弱点——采石矶的浮桥。南唐科考落榜生樊若水帮助宋军在长江上建造的跨江大桥！

如果能派兵烧毁宋军运送粮草、辎重的必经之路——采石矶浮桥，没有了粮草供应和退路，围攻金陵的宋军必将大乱，金陵之围立解！

不得不说，朱令赟的这一招的确是高，如果此方案能真正实施，那么宋朝的历史必定重写。

可惜，朱令赟现在的对手是号称"宋初第一战将"的曹彬！

第三张，徐铉及徐铉的那张嘴！

作为南唐有名的大才子，徐铉书法绘画诗词歌赋无所不能。最主要的是他的嘴上功夫特别厉害，引经据典，辩才了得，纵横国际舞台多年，不曾"失嘴"！李煜决定派徐铉作为自己的特使前往开封面见赵匡胤，请求罢兵！

他相信徐铉这张伶牙俐齿、无所不能的嘴。但是没承想若干年后，自己就死在了徐铉的这张嘴巴上！这是后话！

4

接到救援命令后，朱令赟第一时间做出偷袭采石矶宋军浮桥的计划！

这一次他是有备而来，随船携带了大量的硝石、芒草，只要抵达采石矶，点燃浮桥，自己就是大功一件。

朱令赟的想法很美好，可他的一举一动都被重视情报工作的曹彬探得了。于是，曹彬命令宋军在采石矶上游皖口的江面上插了很多的桅杆。

夜色中的南唐士兵果然上当了，把桅杆误当作宋军的战船！

朱令赟害怕了，不是说曹彬的主力大军都已经渡江围攻金陵去了吗，怎么突然又冒出这么多的战舰？算了，今晚先不走了，明日天亮再说。

于是，他命令舰船停泊南岸皖口狭小的码头，明日天亮再进攻。就在这时，突然从北岸杀来一队敌舰，顿时杀声震天。

朱令赟正欲率军抵抗，南岸陆上一队步兵突然从周围的芦苇荡中杀出，有的甚至已经杀到船上来了。

惊恐不已的朱令赟此刻居然下达了一个令人意想不到的命令——点燃装有硝石、芒草的小船，阻挡敌舰的进攻。

命令下达后，朱令赟才发现此刻正在刮北风！而自己的军舰在南岸！

这些被点燃的小船迅速引燃了唐军自己的舰船，一时火光冲天。

只有几千人的宋军不用动手了，列队站在岸上看朱令赟的十五万水师"集体自焚"！

此战，曹彬用了不到一万人灭了南唐的十五万水师，主将朱令赟力战殉国！

5

宋唐在皖口酣战的同时，徐铉正马不停蹄地前往东京开封，与宋朝皇帝赵匡胤开展新一轮斡旋。

虽然李煜完全相信徐铉的能力，但是徐铉自己并没有把握能劝动赵匡胤。因为他知道自己以前面对的都是文人，都是他国的鸿胪礼官。文人也罢，礼官也罢，他们都是讲理的。只要有理可讲，徐铉就无往不胜！摆事实、讲道理，徐铉能把天说破！可是他即将面对的是赵匡胤，那个发迹于粗兵大汉之中的官家赵匡胤！

一见到赵匡胤，徐铉就跪在赵匡胤的脚下泣涕交加。他不停地说李煜对大宋多么忠心，南唐全国上下对大宋多么感恩戴德。反正只要赵匡胤罢兵，南唐愿意答应大宋的所有条件，等等。

可是坐在龙椅中的赵匡胤却盯着眼前的奏章，甚至连眼皮都没有抬一下。等徐铉说完了，他才从微张的口中挤出几个字来："朕宣李煜入京，他为何不来？"

徐铉回道："皇上大兵进攻江南，江南万千生命涂炭，请皇上为天下计，罢兵吧！"

赵匡胤还是那句话："朕宣李煜入京，他为何不来？"

徐铉道："郑王李从善不是已经代替吾主进京见驾了吗？"

赵匡胤的声音大了很多："朕宣李煜入京，他为何不来？"

徐铉小心翼翼地道："南唐早已向大宋称臣，本为一家，吾主李煜侍陛下如生父，儿子因病不能见父，您就要对他赶尽杀绝吗？"

赵匡胤暴怒道："朕宣李煜入京，他为何不来？"

徐铉："……"

赵匡胤冲左右摆了摆手，对跪在地上的徐铉道："卧榻之侧，岂容他人酣眠！你可以走了！"

用了两句话就把徐铉怼回去了。赵匡胤的这句话很简单，却意义深远。面对这么一个皇帝，徐铉无话可说，叹了口气，默默地返回了驿馆！

……

公元 975 年，宋朝主帅曹彬命令大军攻金陵城，金陵陷落，南唐皇帝李煜肉袒出降，南唐灭亡！

年轻的大宋朝在赵匡胤的带领下，"十国"仅存北汉、吴越两国！

烛影斧声：到底是谁谋杀了赵匡胤？

1

公元 976 年，农历十月十九，夜，大雪。

已经年届五十，大病初愈的赵匡胤缓步行在宫殿之中。由于自己病重，刚刚进行的北伐不得不草草收场！

赵匡胤的心中有些悲哀，他想到了自己的义兄——周世宗柴荣。

当年柴荣也是力主北伐辽国，但是就在大军即将打到幽州的时候，皇帝突然病倒，致使北伐大计功亏一篑，这也间接成就了日后的赵匡胤黄袍加身。而现在都城内也都在盛传皇帝赵匡胤将不久于人世！一时流言蜚语，甚嚣尘上。

这就是生存的法则——对手会利用你所有的缺点，做足文章！

赵匡胤不担心这些对手，搞酒场艺术、做文章整人这些活儿都是他玩剩下的，没技术含量了。一个英雄，从来不会把小丑放进眼里。连站出来都不敢，只会躲在暗处散布流言，这些人根本不配当他的敌人。

他的敌人是"西北王"李筠，是大将军李重进，是"杨家将"掌门人刘继业……

不过，虽说如此，赵匡胤还是对一个人有所顾忌。这个人就是自己的亲弟弟——晋王、开封府尹赵光义！

比自己小十二岁的亲弟弟赵光义当年曾经是赵匡胤黄袍加身的直接策划者和实施者，也是他和赵普两人一起帮助赵匡胤实施了"杯酒释兵权"的计划，所以，论智商赵光义绝不在自己之下。

况且，朝中本身就有很多大臣支持赵匡胤把皇位传给赵光义，其中前宰相赵普就曾明确表示过。

这也是赵匡胤一直所担心的。所以，他迟迟没有做出立储君的决定。

但是现在，自己老了、病了，他不得不为自己的两个儿子赵德昭和赵德芳打算。

虽然这两个儿子都没有带兵打过仗，但是都虚怀若谷、礼贤下士，颇有贤达帝王的风范。

按照传统，长子赵德昭无疑是最合适的皇位继承人。但是，这两个儿子都有一个致命的缺点——太过仁慈！

赵匡胤知道，如果自己撒手不管，即使两个儿子联手也不会是这位叔叔的对手。看来，自己是时候亲自出手了！

想了很久，赵匡胤最后决定还是用自己最擅长的方式来解决纠纷，这种方式就是——喝酒！

于是，他命令太监去晋王府传旨——诏令晋王速速进宫陪皇帝哥哥喝酒！

2

话说宋初的各位皇帝各自身怀绝技，比如蜀国的孟昶会炼丹配药；南唐的李煜会谱词唱曲……

而赵光义善使毒，堪比"五毒教教主"，众人皆知。据说，当年毒死孟昶的毒药就出自他手。后来，李煜被杀，也是赵光义亲手配的毒药。

接到皇帝赵匡胤要请他喝酒的圣旨，赵光义不免心中紧张起来。

皇帝刚刚从死亡线上捡条命回来，太医早已严命让他休息，况且天降大雪，寻常人都不敢出门，此刻却单单叫他去喝酒，这太违背常理了！

难道皇帝有重大国事想要找自己商量？

可如果是这样，那也应该是自己和宰相一起进宫，而诏令上明明说的是叫他赵光义一个人！难道？

只有一个可能：皇帝发现了什么！想到这里，赵光义不禁后背发凉……

3

赵光义走入皇帝的寝殿，灯火辉煌中，他看到当年那个意气风发、气吞万里的大哥，也是现在大宋朝的掌门人赵匡胤，此刻正拖着一副病体斜倚在卧榻上。

看赵光义进来，赵匡胤稍微欠了欠身，示意赵光义免礼就座。

接下来，赵匡胤强撑病体举起案头的酒杯，赵光义也跟着举杯，两人一饮而尽！

这是一场沉默的酒宴，双方说话都不多，可是心里都万分紧张！终于，皇帝翕动了一下干瘪的嘴唇，却没有发出声来。

赵光义知道，皇帝大哥要摊牌了！

于是，赵光义摆摆手，屏退左右。此时偌大的寝殿中只有他兄弟两人了！既然来都来了，推开窗户说亮话吧！

赵匡胤开口道："二弟，我快不行了！你认为我应该把皇位传给何人呢？"

赵光义听到这里心里一紧——果然被自己猜中了！

他很警觉，虽然自己觊觎皇位已久，但是还没有傻到在皇帝面前表露心迹的地步。他深知，这顿酒堪比鸿门宴，稍有不慎就会人头落地，别看皇帝现在气息奄奄、一副行将就木的样子，可是他要杀掉自己只需要动下指头就能办到。

于是，赵光义立即答道："此为皇兄家事，臣弟不便多说！"赵匡胤偎坐在卧榻上，听赵光义说完，心内才稍稍踏实。

他接着试探："二弟你恭谨有加，在军、朝两界门生故吏很多，我打算传位于你！"说完这句话，他斜眼看了看故作镇定的赵光义。

赵光义知道，今日自己也许难逃一劫。皇帝说你军、朝两界门生故吏遍布，这是好听的。说难听点就是你在结党！

赵光义慌忙从座位上站起来，扑通一声跪在地上，道："皇位自古君薨子继，除非万不得已，从来没有传位给兄弟的。何况现在两个侄儿都学识过人，近贤远佞，传位给任何一个，臣弟定当效死辅佐。请皇上收回成命！"

赵匡胤冷哼一声，对话才刚刚开始，你紧张什么，这场考试还远未结束。他缓缓站起身，走到跪着的赵光义面前，继续道："选你继承皇位，我是深思熟虑的，你尽可大胆为之！放心去做！我定会支持你的。"

赵光义心头不免一阵惊喜，难道皇帝哥哥真的有意传位于我？不可能。

如果他真的要传位于自己，早就应该公诸天下，加封自己为皇太弟，以安天下人心，而不是等到现在突然提及。

所以，只有一种可能——他已经发现了自己的不臣之心！

想到这里，赵光义慌忙站起来，退到席后，拜倒，继续推辞……

4

殿内烛影摇动，站在门外的宫女、太监伫立于寒风中观察着殿内的一举一动！到这里，赵光义的回答还算完满，既可以让皇帝对眼前的事情放心，也让他对身后事不必多虑。

可是赵光义低估了眼前的这个老人。他的一举一动，甚至一个表情变化，都难逃赵匡胤那双浑浊却充满智慧的眼睛。赵匡胤知道，就在刚才，赵光义的眼睛中闪烁出的犹疑不定，已经使他的不臣之心表露无遗！

既然如此，那就彻底摊牌了！

赵匡胤犹豫着走到书案旁边，可能由于太过虚弱，他一只手扶着书案立着，一边回过头来，用一双犀利的眼神打量了一下眼前这个与自己朝夕相处的二弟，激动道："既然你无意帝位，为何结党？为何擅自改变都城内的兵力部署？"

赵匡胤一口气发泄出了自己蓄积很久的不满。说到激动处，赵匡胤居然捡起桌上的柱斧向跪在地上的赵光义掷去。赵光义慌忙躲开！

只听"锵"的一声，柱斧落在地面上。

赵光义没有想到自己一直谨小慎微，所有的操作都是在暗地里进行，可这一切还是没有逃脱大哥的眼睛。

他太强大了，强大到自己不可能超越，强大到自己一生都不可能走出他的阴影！

此刻已经没有了任何回旋的余地，继续跪在地上就是等死。

既然如此，索性就站起来吧！

于是，赵光义捡起地上的柱斧，快步绕到大哥赵匡胤身后……公元976年，农历十月十九，一代雄主赵匡胤死于自己的寝宫。

抢皇位，先到先得！

1

公元 976 年，农历十月十九，雪夜。雪一直在下，天气异常寒冷！

皇帝赵匡胤急召弟弟、晋王赵光义进宫喝酒，所有的宫女、太监都被屏退。宫内一番"烛影斧声"之后，声音逐渐静了下来。过了一会儿，内殿传来皇帝的鼾声……

晋王赵光义走出寝殿的时候已是凌晨。他轻轻地关上门，对宫女们嘱咐道："皇上已经睡了，你们就不要打扰了，回去休息吧！"

说着，他就急匆匆地走了。

走到门口，他停下脚步，下意识地看了看门旁边站着的赵匡胤的贴身太监王继恩。

太监王继恩会意地点了点头！

2

深夜，后宫深处的一处大殿内依旧灯火通明，皇后宋氏正焦躁不安地在寝殿内走来走去。

这时候，一个老太监急匆匆地闯了进来。

还未及行礼，宋皇后一把抓住老太监的臂弯，急切道："快说！前殿现在情况如何？"

"禀告皇后娘娘，晋王殿下已经离开。皇上刚刚睡下，严命任何人不得打扰！"

一听这话，宋皇后一下瘫坐在身后的长椅上，喃喃道："官家不允许任何人打扰，这可如何是好？"

老太监给宋皇后递了一杯茶，语气肯定地道："皇后娘娘，我们不能再等了。现在皇上身体欠安，太医已经明确表示就这几天了。我们必须见到皇帝，请立皇次子赵德芳为太子。虽然长子赵德昭也德才兼备，但是皇后您入宫时，德昭皇子已满十八岁出宫另住；不像次子德芳，您虽不是他的生母，但毕竟从他九岁时您就一直抚养他。如果德芳当了皇帝，您毋庸置疑就是太后！"

宋皇后看了一眼老太监，继续道："这个道理我当然明白，也不止一次向官家建议请立德芳为太子。但是，官家一直没有下定决心。此次，皇帝突然深夜召见晋王入宫，我总感觉有事情要发生。"

"皇后娘娘，不管有什么事情发生，我们今晚必须见到皇帝，请立德芳，最次也得是立德昭，决不能让晋王得逞。晋王生性多疑，阴险狡诈，而且又控制着京都军政，如果让他捷足先登，别说皇后您，就是皇帝的子嗣恐也难逃毒手。"

闻听此言，宋皇后猛地从椅子上站了起来，坚定道："来人，摆驾前殿，我要面见皇帝！"

3

没费多少口舌，宋皇后就进入了皇帝殿宫。

原本打算闯宫面圣、请立太子的宋皇后却发现皇帝赵匡胤背后箭疮复发，已薨多时，随即扶床大哭。皇帝驾崩的消息立即传遍了整个皇宫。既然赵德芳不能当太子了，那只好直接做皇帝了！

哭了一阵儿，宋皇后决定立即派人去请赵德芳。

可是，派谁去呢？这个人不仅要忠心耿耿、能自由出入宫禁，而且要保证能带皇子进宫。

除了自己身边的太监，能办这件事的人只有一个——大太监王继恩。

所以，领到迎接德芳进宫的诏命后，王继恩顾不上一夜未睡，马上出发了！按照宋皇后的设计，王继恩迎接德芳入宫，然后在晋王及其他皇子到来前即位，赵德芳将顺理成章地登上大宝，成为大宋的第二任皇帝。

可是，宋皇后却忽略了一点：王继恩是对皇帝忠心耿耿，但现在皇帝死了！王继恩从皇宫出来后，并没有去找皇子赵德芳，而是直奔晋王府而来……

4

王继恩赶到晋王府的时候，王府的大门还没有开，却在门口遇到了急匆匆赶到的晋王心腹、掌管京城治安工作的程德玄。

程德玄，《宋史》记载此人除负责京城治安工作外，还有一项特殊技能"善医术"。

"善医术"这项技能听起来寻常，其实很不简单，别忘了晋王赵光义"善毒术"！

毒者，医也；医者，毒也。两人一毒一医，又是上下级关系，很快打成一片。程德玄成了赵光义的心腹，身为开封府尹的赵光义很快任命他为左押衙，负责京城治安工作。

"你怎么来了？"还未等程德玄说话，王继恩边擦汗水边问道。

"啊……那个……我今晚老是睡不着，感觉可能要有大事发生，就连夜赶到晋王这里了！"程德玄支支吾吾地道。

王继恩看了一眼程德玄，没有说话——

跟在官家身边混了数十年，王继恩什么大人物没见过，什么大场面没遇到过，一个掌握京城治安工作的押衙，手里有数万人手，皇帝刚去世，他就大雪夜赶到晋王家，不用想都知道是为什么！

不过王继恩没有说话，他只是笑了笑，和程德玄一起敲开了晋王府的大门。而此时，晋王赵光义并没有睡觉，不仅没有睡，甚至还穿着昨晚入宫时的衣服正襟危坐在大堂上。也就是说，自离开皇宫以后，晋王一直都在这里坐着。看到王继恩和程德玄一同进来，晋王多少有些紧张，慌忙道："你们怎么一起来了？"

王继恩没有等程德玄说话，急忙把皇帝驾崩，皇后让其招皇子赵德芳入宫，自己却跑来见晋王的经过说了一遍。

晋王听完王继恩的讲述，更加紧张，对王继恩和程德玄道："如此大事，我需要和家人商议一下。"说着，赵光义转入后院。

等了很久，还不见赵光义出来。王继恩不顾王府家丁阻拦，径直跑入后院，一把扯住还在犹豫不决的赵光义就往外跑，大声道："晋王，不能再犹豫了。抢皇位这事儿，先到先得，再迟了，皇位就是人家的了！"

5

皇宫的寝殿里，宋皇后正在焦急地等待着。

她知道，成败在此一举，如果成功，赵德芳荣登大宝，自己将成为大宋帝国的太后，母仪天下，尊贵寰宇；如果出现差池，自己会身败名裂，皇子们也可能会难逃毒手。

终于，宋皇后看到了大太监王继恩从外面进来，忙问："皇子德芳来了？"

没想到，王继恩却冷冷地道："没有。晋王到了！"

这时候，晋王赵光义跟在王继恩的后面走了进来。

宋皇后看了看赵光义，知道大势已去，悲泣道："官家，我们母子的性命可都交给你了！"

赵光义连声娓娓道："皇嫂放心，我们共保富贵！"

司马光著《涑水纪闻》有：

宋后闻继恩至，曰："德芳来耶？"继恩曰："晋王至矣。"

后见王愕然，随呼官家曰："吾母子之命，皆托于官家。"王泣曰："共保富贵，无忧也。"

随后，赵光义立即在殿前登基，等皇子赵德昭、赵德芳兄弟赶到皇宫的时候，赵光义已经身着龙袍在为赵匡胤发丧致哀了！

公元 976 年十月二十一日，宋太祖赵匡胤的时代正式谢幕，宋太宗赵光义走到了历史前台，大宋帝国进入了太宗时代！

卷二

◉ ◉ ◉ ◉ ◉

宋太宗赵炅

论补办手续的重要性

1

公元 976 年冬日，宋朝首都开封的街道上，来往的百姓络绎不绝。

那时候，百姓们能获得的所有主流消息都来自朝廷在城门楼子上公布的榜文。所以，大家茶余饭后能讨论的内容大都是这些。

最近，大家讨论的重点当然是新帝登基。

赵匡胤作为宋朝的开创者，是名副其实的帝国首领、大宋精神意志的缔造者。现在，他死了，皇位却没有传给他的两个已经成年的儿子，而是传给了自己的弟弟——赵光义。

这多少令人感到匪夷所思，何况皇宫中还传出皇帝去世当夜"烛影斧声"之说，更增加了人民群众对赵光义继承皇位合法性的质疑。

2

最近，赵光义也有些郁闷。虽然自己已经登基继承大统，但是文臣武将、普通百姓对自己继承皇位的合法性充满了质疑。

当然，这也不能怪别人，毕竟第一次抢皇位、当皇帝，经验不足，太过草率，很多细节还没有处理好。他完全不像当年大哥赵匡胤黄袍加身那样深思熟虑，既有"点检做天子"的舆论鼓动，又有道士苗训"天无二日"的神坛设教，还有高怀德等人的武力支持，更有"杀回京城共富贵"的行动口号。

所以，上台伊始，宋太宗赵光义就做了两件事情来巩固自己的统治：

第一件事情，改年号。

年号无论是对一个王朝还是一个帝王，都是十分重要的事情，是帝王皇权的象征。根据历史传统，新皇帝登基一般会在第二年的第一天才使用新年号。但赵光义一上台就废除了赵匡胤的"开宝"年号，改为"太平兴国"。因为赵匡胤死在春节前夕，所以这也导致赵光义的太平兴国元年只有短短的八天。

第二件事情，改名字。

赵光义废除了自己的"光义"二字，改名"赵炅"——"太阳底下有把火"预示自己国家的国运蒸蒸日上。

赵光义不仅改了自己的名字，还把自己儿子们的名字也都改了。

根据赵家的家谱，赵匡胤兄弟三人的辈分是"匡"，所以三人分别叫匡胤、匡义、匡美；到了儿子这里，应该是"德"字辈，所以赵匡胤的两个儿子叫德昭、德芳，赵光义的儿子叫德崇、德明、德昌、德严。可是，他登基后迅速把儿子们的名字统一改为"元"字辈，老大元佐、老二元僖、老三元休、老四元份。

"元"就是"第一"的意思。赵光义此举的目的就是昭告天下，他的儿子们是天下第一，他是"天下第一"的爹，当然是皇帝！

年号也变了，名字也改了，可是现在的宋太宗赵炅还是不爽。

3

现在，赵炅虽然"篡位"成功了，进城了，也坐到龙椅上了，但是心胸和格局始终没有上来，没有大哥赵匡胤那种"器度豁如"，总是放不下别人对自己的议论。

这也难怪。天下百姓千千万，皇帝只有一个，所有人的眼睛都盯着你呢，手续不全，这皇帝就当得名不正、言不顺。

一般来说，当皇帝的手续有两种：

第一种，前任皇帝在文武百官面前的口头承诺。

也就是说，皇帝需要当众宣布这个谁谁谁以后就是我的皇位继承人，现在我把他册封为太子或皇太弟。

当然也有没册封的，比如唐太宗李世民在杀死亲哥哥、太子李建成后，逼迫老皇帝李渊当众宣布自己是新皇帝。李世民多强悍，满朝文武都是他的手下，可就这样，他还是要办理手续——逼老皇帝亲口承认传位于他！

你赵炅文治武功能赶上李世民吗？前任皇帝赵匡胤当众说过传位给你吗？都没有。

一想到这点，赵炅的心里就有点发怵，晚上睡觉都睡不好。

第二种，前任皇帝的传位诏书。

"诏书"在古代社会里，是最具效力和执行力的法律文件。

有了诏书，你就是法理上的唯一继承人。如果有人来抢皇位，你就可以拿着它招呼周边的军队勤王救主。相反，如果没有它，别人也能随时找个理由把你从龙椅上赶下来！

所以，现在赵炅的这个皇位坐得并不安稳。

4

官家不高兴，下边的人就会紧张。

可是，现在前朝皇帝赵匡胤都死了，再让他出来在大伙面前表个态也没有可能了。

那剩下的只有一个办法——造一个传位诏书！

造传位诏书之前，得先编一个故事，这个故事要有足够的说服力，需要把事情的前因后果、来龙去脉一点一点地说清楚，而且不能留下任何纰漏。

计划了很久——大约六年的时间，宋太宗赵炅终于想到了一个几近完美的故事，他决定把这个故事讲给全天下的人听：

建隆二年，即公元 961 年，六月，赵匡胤的母亲杜太后病重。

自知将不久于人世的杜太后把刚刚登基称帝的赵匡胤叫到身边，问道："你从一介武夫荣登大宝，可知道是什么原因吗？"

赵匡胤答："靠着祖宗的余荫！"

杜太后道："你错了！因为周世宗用小儿做皇帝，君弱臣疑，才使你有机会问鼎国祚。如果你想使大宋王朝万古长传，应该等你死后传位给光义，光义传给三弟光美，光美再传给大孙子德昭……"

"如此，国家一直是掌握在年长权重的自家人手里，才能长治久安！你记住了吗？"

赵匡胤答："儿谨遵母命！"

于是，赵匡胤在太后榻前亲自书写传位诏书，确立了"兄终弟及"的传位顺序。诏书写完后，放在金匮中，由太监王继恩（又是这个王继恩）保存。

故事讲完后，赵光义自己手写了一份诏书，玉玺是现成的，就在自己的案台上放着，盖上玉玺，交给旁边的王继恩，你去找个金匮放进去吧！

5

编完故事，赵光义发现有一个明显的漏洞——没有证人！王继恩不是证人吗？

王继恩是个太监，最多只能算是个"半人"，在社会上没有任何身份地位。

况且，天下人皆知王继恩本就是自己的心腹，让自己人去做证人难以服众！

所以，赵光义需要找一个"金匮之盟"的证人！这个证人非比寻常，必须满足三个要求：

首先，德高望重，在朝中威望甚高，而且门生故吏在朝中为官的要多，他说的话有很多人会听；其次，这个人必须和赵匡胤、太后关系很好，具有做证人的资格；最后，也是最重要的，就是这个人的嘴巴要严，也就是说即使刀架在脖子上，他也不会泄露半个字。

谁能够担当这个角色呢？赵炅立即想到一个人——赵普！

赵普和赵匡胤兄弟是发小，当年滁州城赵普像照顾自己亲爹一样照顾赵匡胤身患重病的老爹，从此两人一直以兄弟相称。后来，赵普又是赵匡胤黄袍加身的直接策划者，被赵匡胤任命为宰相多年，位极人臣，虽然后来被罢相，但是在朝中的势力依旧无人能及。

而且，赵普有一个任何人都不具备的能力——识时务，会当官。也就是说，满朝文武中，赵普比任何人都能认清形势，选准主人，然后会像狗一样忠心护主！果然不出赵光义所料，此刻正赋闲在家的赵普看到王继恩给自己拿来的诏书，毫不犹豫地在上面签上了"臣赵普谨记"五个大字。

于是，赵光义故事的版本就变成了这样——杜太后驾崩之时，顺便也把赵普叫到病榻前。

赵匡胤书写完传位诏书后，赵普在上面签了字，然后交给太监王继恩放在金匮中保存。

这段故事史称"金匮之盟"！

6

赵炅编好了故事，令人散布出去，一时确实压制住了汹汹舆论。

毕竟有天命诏书在，谁也不敢轻易置喙，再说上面还有前朝宰相赵普的亲笔签名，假的也变成真的了！历史没有给赵匡胤的儿子们任何申辩的机会。

历史的车轮轰隆隆地碾过，什么诏书，什么证人，在胜利者的笔端只不过是一堆随时可以更改的废纸！

不过很快，宋太宗赵炅发现"金匮之盟"可能是自己给自己挖了一个大坑：诏书里明明白白写着"兄终弟及"，自己当皇帝的手续是补办齐全了，却把儿孙们继承皇位的权利给剥夺了！

因为根据赵匡胤的传位诏书及杜太后的遗命，赵炅死后不能把皇位传给儿子，而要传给弟弟赵廷美（即原来的赵光美，因避讳新皇帝名字，改名赵廷美）。

而且，这份诏书是自己登基的根本依据和法律文书，自己还必须得承认并照此实施！

不过，现在的赵炅已经不再是当年那个行事谨慎、需要处处观察皇帝脸色的晋王赵光义了。他现在是皇帝，有很多更重要的事情要做，所以他没有时间精力再去认真填补这个坑。最后，他决定用最简单、最直接的方式来处理这个问题。

公元 979 年，宋太祖赵匡胤的长子赵德昭被逼自杀！

两年后，赵匡胤的四子、年仅二十三岁的赵德芳英年早逝！

再过一年后，"兄终弟及"的合法继承人、赵家老三赵廷美被贬，不久暴毙于房州。

赵匡胤的皇后宋皇后被封为"开宝皇后"，幽禁于东宫，死后不能按皇后礼制下葬！

······

现在，皇位终于被牢牢地把握在了自己手里，赵光义坐在龙椅上应该可以安心了。

可是令他万万没有想到的是，历史给他开了一个巨大的玩笑——自己费尽心机抢夺来的皇位，百年后居然又回到了赵匡胤一支子孙的手里！

赵炅：做皇帝，也要做侠客

1

宋初。

首都开封的大街上，一家药材店门口挤满了人，一时人头攒动，不时发出阵阵叫好声！

人群中间是一个衣衫破旧、蓬头垢面的泼皮。他躺在药店的台阶上，不时大声地吆喝着："你们药店不是号称'妙手回春'吗？要么把我头上的疤去掉，要么杀了我！否则，我就砸了你家招牌，告你们虚假宣传！"

看热闹的人群又是一阵哄笑。新围过来的人一边往前挤，一边打听这是咋回事。

"无赖啊！这泼皮前几日头上起了一个疮，马上要死了。人家药店老板看他可怜，就免费给他医治。可这癞子病好了却讹上人家药店，非要人把头上的疤去掉，不然就砸人招牌！"一个青衫老者不住地摇头，叹息着，"人心不古啊！"

……

看热闹的人越来越多，泼皮仿佛受到了某种鼓舞，喊道："快来杀了我，否则我要砸招牌了！"说着，他就去旁边捡了一块石头，朝招牌砸去……

正在这时，一位身着鲜衣、打扮时髦的中年人一闪而入，只见他手中宝剑一挥，泼皮早已身首异处！

"杀人啦！"

看热闹的人群一哄而散，而手执宝剑的中年人也在十几个人的护卫下迅速消失在开封的小巷中！

2

开封首都，天子脚下，有人竟在闹市中仗剑杀人。

而且，据目击者云，主犯身边还有十几名手提兵刃的从犯。

这不是一起简单的刑事案件：主犯杀人手法娴熟，一剑毙命；从犯撤离迅速，掩护及时，似乎受过专门的训练。

最后，开封府衙门给予案件定性，这是一起性质恶劣的暴力案件。

案子上升到这个程度，单靠开封府的几个捕快抓捕凶犯已是不可能的了，何况对方手里还有凶器，必须调用首都的卫戍部队帮忙才行。

根据大宋的军队管理规定，调用开封周围的军队必须要有皇帝授权。

所以，一得到案情报告，开封府尹就第一时间赶往皇宫向当朝皇帝宋太宗赵炅奏报这一恶性事件。

宋太宗赵炅听完开封府尹的工作汇报，喃喃道："首都京畿，重兵防御之地。街头斗殴，无端杀人，可还把我大宋王法放在眼里？开封府务必将凶犯缉拿归案！"

3

有了皇帝的首肯，开封府一面通知戍防部队封城，一面像打了鸡血一样开始在京城的大街小巷中搜捕逃犯。

十几天过去了，却一点线索都没有找到！

按照规矩，遇事要多请示，勤汇报。可是现在，案情重大，舆论汹汹，再加上皇帝亲自督办，却没有丝毫进展。开封府尹开始有些着急了。

不过，不管着不着急，有没有进展，请示汇报制度是不能破的。

所以，听完开封府尹的汇报，宋太宗很生气："其他事情倒也算了，朕亲自督办的案子你也破不了，是不是没上心？是不是没有破案能力？是不是不想干了？"

下边的人最怕官家生气，何况现在官家大怒了。"是不是没上心"，这已经不再是案子本身的问题，而是已经上升到工作态度的层次了。"是不是没有破案能力"，这个更严重，官家已经怀疑你的工作能力了。

看来，如果破不了案，卷铺盖走人已经在所难免！

4

开封府尹更急了。

这也难怪，开封府尹这个官职可是首都的大当家，说不定哪天就能进内阁，混枢密院的。自己经过了多少年寒窗苦读，熬了多少个夜处理卷宗，才换回这个职位啊。如果因为一起刑事案件，自己就卷铺盖走人，说什么都让人心有不甘。

既然心有不甘，就得想办法解决这件事情。抓不到真凶，那只好找人顶罪了！最终，无计可施的开封府尹把那家药材店的老板抓进了大牢。

一顿板子下去，药店老板招了——自己雇凶杀人！

现在的府尹大人终于可以放心睡个好觉了，进不进内阁，混不混枢密院再说，现在最起码乌纱帽是保住了。

看来，毛笔还是不如大棒好用。

5

第二天一早，开封府尹兴冲冲地进宫去向皇帝汇报工作。宋太宗正在练字，他的"飞白体"独步江湖。

赵炅写的正是李白的那首《结客少年场行》中的几句诗：

托交从剧孟，买醉入新丰。

笑尽一杯酒，杀人都市中。

翻译一下就是：刚认识一位新朋友，于是一起去新丰酒肆喝酒。喝了很多酒，谁都别惹我，否则我的刀剑可不长眼。

府尹大人虽然看见皇帝在写字，但是写了什么他没注意，毕竟表功第一嘛！于是，开封府尹滔滔不绝地说了起来。

他以为宋太宗一定会对自己亲自督办的案件十分上心，最起码也会询问几句。可是，从头至尾，宋太宗头也不抬，一句话也不说。

听完开封府尹的汇报，他把手中的笔往桌上一扔，道："情况属实吗？"

"属……属实吧！"

没想到，赵炅脸色一沉，拿起手中的镇尺就向开封府尹砸去："属实？那个无赖是朕杀的。朕出宫闲逛，看到那个泼皮欺人太甚，一时难忍，一剑结果了他。好你个开封府尹，欺君不说，居然还草菅人命。滚……"

李煜：问君能有几多愁

1

南唐灭亡后，后主李煜被监视居住在大宋首都开封。

最近，李煜有些不爽。国被人灭了，家被人强拆了，就连老婆也被人给霸占了！据宋朝人王铚的《默记》载，"小周后"定期入宫，每次都居住数日，回来后必哭骂后主李煜。

作为一个皇帝，李煜不够称职；作为一个丈夫，李煜更不称职。

唯一让他感觉有所欣慰的是，自己还会写词。

当年南唐没有亡国的时候，李煜就已经凭借超人般的创作天赋，奠定了自己在词坛的地位。

现在，国家虽然亡了，家也散了，但是自己在文艺界的地位却越来越无法被撼动了。

过去李煜写词，不是"斜托香腮春笋嫩"，就是"划袜步香阶"等香艳词句；现在只能写"林花谢了春红"，或者"寂寞梧桐深院锁清秋"之类的小清新了……

既然不能做皇帝，也做不了男人，那就让我做一名资深的文艺青年吧！李煜这么想着。

可是，李煜忽略了一点：宋太宗赵炅的格局太低——你会写诗，我也要会；你是文艺青年，我也要是……

而且赵炅认准了要和李煜比个高下。于是——

李煜填首词，唱遍大小酒馆；赵炅就写两首诗，挂满翰林院，再让这些朝廷的大笔杆子们一通海吹。

李煜画幅画，传遍文人圈；赵炅就写几幅字，送往各大拍卖行，再找几个托儿哄抬高价。

……

2

这日，大宋首都开封，皇宫。一名老太监手捧黄帛从皇帝的寝宫跑出。

他走到门口，冲着檐下的卫兵道："陛下新诗付梓，已经誊抄在了这份帛书上，快去翰林院悬挂！顺便召集翰林们，组织所有人去学习观摩！"

卫士接过黄帛，领命而去……黄帛展开，只见上面写道：

> 黄昏初入夜，漏促九天春。
> 各自随缘意，悲欢旧亦新。

当赵炅这首"黄昏初入夜，漏促九天春"的诗又挂在翰林院外面的红墙上时，李煜连看都没去看。

在现实世界里，李煜是自卑的皇帝；可是，在诗词的国度里，李煜是骄傲的王。

这一日，正是七夕，李煜的生日！

他正在自己的避难所——"违命侯府"的花园中独自饮酒，心里想着，"小周后"又去皇宫觐见皇帝了，回来又免不了一阵数落。

想到这里，李煜端起桌上的酒杯，一饮而尽。

"违命侯，近来可好？"

声音好熟悉！李煜放下酒杯，转过头，循声望去，高兴道："徐爱卿，哦，不，徐大人，您来了？"

来人名叫徐铉，江南四大才子之一。李煜在南唐当皇帝之时，徐铉就是南唐的宰相。亡国之后，徐铉因学识渊博继续在宋朝当官。

见到旧主，徐铉深躬一揖，二人的双手握在了一起。

李煜赶紧扶起徐铉："自被囿于这堵高墙以来，除了徐大人，曾经的江南大臣已经没人来了！"

徐铉听完，不禁潸然泪下……

既然是才子见面，话题肯定离不开诗词。一番唏嘘之后，徐铉问道："侯爷，最近可有新词？"

李煜擦擦眼泪，道："腹稿已有。待我写就，请徐大人指教。"

说话间，李煜已经铺开桌上的宣纸，一首《虞美人》一气呵成：

> 春花秋月何时了？往事知多少。小楼昨夜又东风，故国不堪回首月明中。
>
> 雕栏玉砌应犹在，只是朱颜改。问君能有几多愁？恰似一江春水向东流。

3

深夜，皇帝的御书房内依旧灯火通明。

"徐爱卿，说一下具体的情况吧！"皇帝赵炅边写字边说道。

"虽然南唐亡国多年，但是违命侯本人依旧不能释怀，对政见也颇多微词。今日，违命侯作了一首词，抒发自己对皇上的不满。"说着，徐铉便把已经誊抄好的那首《虞美人》递给皇帝，神色间多有慌张。

赵炅把笔放下，接过这首词读了起来，边读边拍手赞道："好词！好词啊！李煜不愧是一代'词王'，我这一生恐难追上了！"

读罢，赵炅对身边的小太监道："去取一杯朕亲自调制的毒酒赐给违命侯，让他去死吧……"

太平兴国三年七月（公元 978 年），李煜卒。

曹彬：开会，也是一门学问

1

赵光义篡位成功，爬上了龙椅，摇身一变成了宋太宗赵炅。

按说，现在已经是皇帝，大宋文坛、政坛双栖，赵炅应该格局更大些，眼界更远些，可事实并非如此。赵炅的格局始终赶不上自己那位"器宇豁如"的太祖哥哥。

诗仙李白号称性格豪放、胸纳百川，够大度了吧？可是，自诩才高八斗、狂得全天下人都不放在眼里的李白到了"考试大省"山东，与几个名不见经传的儒生参加了一场作文大赛，居然败下阵来！

李白很生气，于是破口大骂：

> 鲁叟谈五经，白发死章句。问以经济策，茫如坠烟雾。
> ……
> 君非叔孙通，与我本殊伦。时事且未达，归耕汶水滨。

意思就是山东的这些考生啊，只会背死书，和我不在同一条地平线上！

李白的这首《嘲鲁儒》不仅把山东的儒生给骂了，还把山东所有的文人都给骂了，可以说这是最早的地域歧视！

赵炅的作文水平赶不上李白，心胸也比李白差多了。

文人这个形象，一开始吓唬吓唬那些只会战场上撸袖子蛮干的老粗们还行。时间一久，有几斤几两，谁都知道了！

所以，赵炅急需一场战争改变自己在世人眼里的形象。他要向世人证明，自己也可以像太祖哥哥一样开疆拓土，令天下臣服。

于是，他决定挥师北伐，进攻盘踞在山西的北汉。

2

这下问题就严重了——北伐战争已经不再是单纯的砍人抢地行为，而是一种具有确定目的导向的国家意志了。

于是，宋太宗临时召开了一次御前会议，请各官员一起来讨论讨论！

说是讨论，其实主要是考验大家的思想觉悟。毕竟是战争，要有流血，要有牺牲的。虽然大家都明白皇帝的意思，但都不敢贸然说话！

大家都不说话，赵炅的面子上有点过不去，只好点名："薛爱卿说说吧！"这时候，前排的薛居正站了起来。

薛居正中第于后晋，到宋太宗，他已历经后晋、后汉、后周、宋四个朝代，伺候过九任帝王，是朝中最有声望的大臣之一。

而且，他一手编纂了"二十四史"中的《旧五代史》。无论在朝堂，还是文人圈，他都享有别人无法超越的地位！

薛居正颤颤巍巍地站了起来，说："臣反对北伐！"薛居正掷地有声，他反对的理由有三点：

第一，汉贫，无油水可捞；

第二，皇帝新登基，民心未稳，准备不足；

第三，也是最主要的，前朝两位雄主都不曾灭汉，失败概率高。薛居正说得比较委婉，但意思很明白——像周世宗柴荣、宋太祖赵匡胤这种文武双全、智勇无双的君主，亲征北汉都不曾成功，你赵炅一介书生，和他们二位比起来还差很多，他们都不曾干成的事情，劝你还是收手吧，别到时候北伐失败为天下人耻笑！

如果只有前面两点，薛居正再讲事实、摆道理，也许可能劝动赵炅罢战。可正因为第三条，更加坚定了赵炅的决心——英明神武的先皇们做不到，我才必须要做到！

3

资深元老薛居正明确表示反对北伐，多少令赵炅感觉有点儿意外——

这些文人们不是一向最讲君君臣臣这一套吗？今天是怎么了？难道连这点儿觉悟都没有吗？白瞎了自己总罩着他们了。看来，这些文臣们的课还是上少了！

赵炅环视了一下群臣，突然道："曹将军说说吧！"曹彬这才站起身来，恭谨地向太宗皇帝行了个大礼。

曹彬号称"宋初第一战将"，曾扫平两湘、灭后蜀、伐南唐，战功彪炳，是宋初军界无可争议的"扛把子"。

而且，曹彬为人特别低调，即使在胡同遇到一个比自己官阶低的文人，他也会主动让道。朝堂上，除非皇帝点名，否则他从来不发表自己的观点。因为他知道，在和平时期，这些文人手里的笔比自己手里的刀要锋利多了！

不过，平时低调归低调，这个时候不能低调，该说得说——官家遇到困难的时候让你说话，这是因为官家认为你有力挽狂澜的能力。曹彬说话的声音不大，但观点很明确——支持北伐。针对薛居正的观点，他提出了三点反对意见：

第一，北伐不是经济问题，是民族大义。

北汉晋阳虽穷，全国加起来也只有三万户居民，还不及开封汴京的人口多，但是山陕地区民风彪悍，战斗力强，自古就属于中原，统一中原是每一个雄才大略君主的不二选择。曹彬把一个突出领导意志的导向问题上升到了民族大义的高度，这下把朝堂上所有文人的嘴都给堵住了。

第二，"弱汉"不是目的，是手段。

曹彬提出一个观点，我们大宋自太祖以来奉行了多年的"弱汉"政策，最终的目的是什么？显然不是为了要让北汉变成一个穷光蛋，而是要抢它的土地。现在北汉都这么弱了，咱们不去抢，难道让辽国去抢？

第三，具体事情具体分析。

当年周世宗柴荣北伐失败是因为规划不够，前军被困，不得不班师回朝；太祖北伐正赶上夏季多雨，士兵感染痢疾。

最后，曹彬总结道，现在，我大宋朝国库充裕，甲兵精锐，如果择机北伐定能一举攻入太原，统一天下！

既然是"宋初第一战将"曹彬都明确表示支持北伐，自然有不少人站出来赞成。

这也坚定了宋太宗北伐的决心。

公元 979 年，即太平兴国四年，宋太宗赵炅任命潘美为北路招讨使，兵分四路，兴师北伐！

文人赵炅的事业心

公元 979 年，即宋太宗太平兴国四年，春节刚过，皇帝突然下旨——他要亲征北汉。

当初刘知远建立后汉，后汉大将军、枢密使郭威篡位，建立后周。刘家人无处可去，就跑到了晋西北，占据晋阳，扯旗单干，这就是"北汉"。

所以，无论是郭威、柴荣的后周政权，还是赵匡胤、赵炅兄弟的大宋朝，刘家人一概嗤之以鼻，总还以中原正统王朝的身份自居，言必称朕。

这就触动了中原政权的底线。所以，周世宗柴荣、宋太祖赵匡胤都先后对北汉发动过数次大规模的战争。

北汉虽然经济实力弱，但它是一个玩国际"均势"的老手——它一面乞求北方军事实力强大的辽国的帮助，一面利用中原王朝内部矛盾，居然一次次地化解了后周、宋朝的强大军事攻击。

后来，宋太祖赵匡胤见一时很难解决北汉这个政权，不得不采取了一项新的政策，曰"弱汉"。具体到执行层面就是断交、断航、断商。这项政策一下子切断了北汉与外界沟通的经济命脉，到最后北汉皇帝出行也只能坐一匹瘦驴，更不用提民间百姓的生活了。"弱汉"政策的成效可见一斑。

就是在这种背景下，初登皇位的宋太宗赵炅急需一场胜利来确立自己在世人心目中的"雄主"地位。

于是，他决定出兵北汉。

2

鉴于前朝数次伐汉失利，这一次，宋太宗做足了准备。

他首先任命潘美为北路招讨使，兵分四路，共计三十万人，进逼太原。

而北汉这边能打仗的军队只有建雄军节度使刘继业手下不足三万人，负责死守首都太原。

潘美的进攻很顺利，很快打到了太原城下，但是，他却怎么也敲不开刘继业防守的太原城。

直到这时候，所有人还在奇怪——年初，朝廷不是发公文说"御驾亲征"吗？皇帝去哪儿了？

原来，四路大军强攻太原不过是宋太宗的一个幌子。宋军主力是由太宗和"宋初第一战将"曹彬亲自率领，出汴京，直扑石岭关，阻击前来救援的辽国军队。

宋太宗赵炅虽然是一介文人，但是他清楚，前朝周世宗柴荣、太祖赵匡胤多次北伐都告失败，最主要的原因不是北汉那帮军头们多能打，而是辽国在大宋背后捅刀子。

所以，要想伐汉成功，必须阻住契丹人对北汉的救援，彻底打破北汉人固守待援的希望。很快，宋太宗的战略收到了回报——

一战，宋军于渡河口击退辽国前锋；

二战，宋军于白马岭设伏全歼辽宰相耶律沙的骑兵军团；

三战，辽国骑兵被赶回辽境内。

辽国对北汉的救援计划彻底破产。

公元 979 年，夏。毫无后顾之忧的宋太宗赵炅带领打败辽国骑兵的宋军主力，出镇州，西进北汉，与潘美军于太原城下汇合。

数月后，太原城破，北汉皇帝刘继元出城投降。

宋太宗赵炅完成了前朝两任雄主都不曾完成的"伟业"——基本统一中原。

3

赵炅"幼不群",庆功宴上,坐在北汉皇帝的龙椅上的太宗赵炅端着酒杯,又有点"不群"了:"曹爱卿,你说这个刘汉区区不过十几州县,在世宗柴荣、太祖的轮番打击下,为何能撑了这么多年?"

"宋初第一战将"曹彬正襟危坐,听到皇帝叫他,赶紧躬身一跪。满朝文武都知道,山陕晋阳地处北境,直接与游牧民族接壤,在数百年与游牧民族争夺土地的战争中,促成了晋阳地区彪悍、尚武的民风。

于是,他说:"盖因晋阳民风彪悍,全民尚武。而且,大财阀、军阀势力根植人心。所以……"

曹彬的话还没有说完,赵炅端起酒杯一饮而尽,打断他道:"所以,在历史上这晋阳太原都是'盛则后服,衰则先叛'?"

曹彬唯唯,退下。

赵炅重新添满酒杯,冲着台下的群臣武将大声道:"可是,朕曾听陈抟老祖说过,晋阳有'王气',是中原的'龙脉'所在。"

赵炅话音未落,原本吵吵嚷嚷的大殿立时鸦雀无声。

"王气"这个词可不能乱说,因为这个词和"朕""寡人"这些称呼一样,是皇帝专用的。

赵官家的老家是开封,现在皇帝说,晋阳有王气。什么意思?难道首都开封没王气?还是说……

既然想不明白,大家暂时都不敢说话。跟着官家这么久了,这点觉悟还是有的。

4

其实,皇帝说晋阳有王气,大家也心知肚明——战国时,赵国简、襄二王定都晋阳,称霸;

汉文帝刘恒八岁来晋阳封王，十六岁登基为帝；

汉景帝刘启出生在晋阳；

三国司马昭"王于此"，封晋王，其子建国曰"晋"；

南北朝，前汉刘渊，前秦苻丕，北齐高欢、高洋父子要么从晋阳起兵称帝，要么直接定都晋阳；

再后来，隋炀帝登基前封晋王，封地即晋阳；

唐太祖李渊从晋阳起兵，建立大唐；

唐高宗李治即位前也是晋王，他老婆武则天皇帝是晋阳人；

唐亡后，五代十国中的后唐、后晋、后汉、后蜀的创建者都是从晋阳起兵；更不用说，刚被灭掉的北汉定都晋阳。

这么一算，到宋太宗时，曾经被封为晋王，或者与晋阳有关的皇帝，不下二十位。而且，晋阳自古就被称为"龙潜之地"，也被称为"龙城"，意思是天底下的皇帝都是从晋阳太原走出来的。所以，才有了晋阳是中原龙脉所在的说法。

看大家都不说话，赵炅也没生气，只是淡淡一笑，手指外面的系舟山道："陈抟老祖还说过，这座系舟山就是龙脉的龙角。既然朕的大宋不在龙脉上，那就断了它吧……"

公元 979 年，夏。

宋太宗赵炅征数十万人，铲平系舟山。

随后，赵炅下令焚城，晋阳古城全部焚毁，葬身火海的太原妇孺不计其数。最后，赵炅又下令，掘开汾河河道，引水灌城。

从此，古晋阳彻底从中国历史上消失！

赵廷美：二把手的生存哲学

1

公元 979 年，夜晚。

大宋首都开封，一处大院内灯火辉煌。院子的主人、齐王赵廷美正在举行一场规模宏大的宴会！

新年刚过，朝廷突然发下公文——皇帝宋太宗要御驾亲征北汉。

既然皇帝要离京，朝廷大事又不能没有人办，所以，随着公文下发的还有一个通知：着开封府尹、齐王赵廷美为东京留守，处理朝廷事务。

赵廷美是宋太祖赵匡胤、太宗赵炅的亲弟弟。

赵匡胤当皇帝的时候，任命二弟赵炅（当时叫赵光义）为开封府尹。赵匡胤出征，要么带赵炅一起，要么让赵炅当东京留守处理政务；他死后，赵炅顺班，成为大宋的第二任皇帝。

赵炅称帝后，立即任命三弟、齐王赵廷美接了自己原来的班，当了开封府尹。赵炅虽然不说，但是明眼人都能看出来，现在的齐王已经是大宋名副其实的二把手，如果一切顺利，皇位肯定是他赵廷美的！

不同于出身行伍的大哥赵匡胤和伪文青赵炅，赵廷美生性耿直、为人坦率，在大宋文艺圈声名俱佳。虽然没有打过仗，没有军功，但是出身鸿胪寺的赵廷美是一位难得的外交官。

当年，南唐被灭，一代词宗李煜被押还京，皇皇大宋君臣数千居然无人敢去劳军——李煜的名声实在太大了。如果气势上压不了李煜，不仅丢自己的人，大宋的面子也过不去，皇帝一怒之下那可是要掉脑袋的。所以，大家都不敢去！

关键时刻，还是赵廷美站了出来。

他不仅出色地完成了劳军计划，而且和李煜一起在汴口醉卧客船，参禅礼佛，相谈甚欢。最后，赵廷美更是不顾世俗礼法，与罪臣李煜成为好朋友，就差磕头拜把子了！

所以，当朝中发公文说皇帝要御驾亲征、任命他为东京留守的时候，赵廷美并没有多想，该喝酒的喝酒，该设宴的设宴！

今晚，他正在齐王府举行一场宴会，宴请一帮所谓的文人们！

2

齐王请吃饭，大家就不用藏着掖着了，能喝多少喝多少！

量喝到了，谈资也就广了，有些人免不了借着酒劲儿对齐王吹嘘一番，什么英明神武啊，什么公而忘私啊，反正什么好听说什么。齐王他什么场面没见过，眼睛一眯，酒杯一抬，也就过去了，什么都不会放在心上！

可是，今天有些不同——齐王刚被任命为东京留守，大有当年现今圣上接班前的意思！

所以，下边人说得有点过，耿直的赵廷美也有些把持不住。这也可以理解，文人嘛，虽懂得文墨，但不了解江湖；虽能达于庙堂，但不能安于草芥。一旦被人忽悠，总有些"意豁如"，以为自己真就成了那把龙椅的法定继承人！

赵廷美瘫在椅子上，眯着眼看着眼前这帮人，颇有当年太祖赵匡胤大宴群臣的意思。

突然，他发现屋子的角落里，一个人在默默喝茶，既没有端酒杯，也没有和周围人交谈。

他不说话，赵廷美就有些紧张。

于是，赵廷美端着酒杯，从台上跟跟跄跄地走到那人面前，问："吕先生怎么不喝酒啊？"

3

这位吕先生名叫吕端，《宋史》里评价他"敏悟好学"。

吕端后来曾和大名鼎鼎的寇准一起官拜宰相，是对大宋乃至中国历史起过决定性作用的人物，这是后话。

不过，现在他担任的职务是开封府判官，也就是开封府智囊团的团长，大体相当于"包青天"里公孙策的角色！

吕端不说话，赵廷美的心里有些没底。因为他知道，这位吕先生平时不苟言笑，但那器宇不是一个"豁如"能够形容的。

"吕先生，有什么话要讲？"看其他人都在喝酒不注意，赵廷美若无其事地问道。

"没有。"吕端继续低头喝茶。

"难道吕先生不认为今晚惠风和畅？京城的一切和谐安定吗？"

吕端微微一笑，伸手拦住赵廷美即将送入口的酒杯道："齐王以为现在北境若何？"

很显然，吕端所说的北境指的就是皇帝即将御驾亲征的北汉和辽国。

赵廷美这才若有所思，断断续续道："此时，北境正是寒冬折胶堕指之时！"

吕端这才站起身来，躬身一揖："皇上即将栉风沐雨，深入苦寒之地，而齐王殿下却在此高歌畅饮，不思随主报国。今晚京城是惠风和畅，而在小生看来，这种平静只是风暴来临之前的短暂祥和，又能维系多久呢？"

赵廷美是生性豁达，为人却不迂腐，更不傻。他知道，吕端这是在告知自己，此次北伐是自己向皇帝表忠心的最佳时机……

第二天，赵廷美上表请求随圣驾出征，太宗准奏。

公元979年，夏，北汉灭亡，赵廷美被晋封为"诸王之王"——秦王！

架得好好打，课要认真上

1

还是公元 979 年，宋太宗太平兴国四年，皇宫内正在举办一场庆功宴。宋太宗赵炅御驾亲征灭北汉，统一中原，这功肯定是要庆的！

偌大的宴会厅内人声鼎沸，颇有一番盛世气象！赵炅坐在高高的龙椅上，一言不发。

史载，赵炅"帝幼不群"。意思是说，宋太宗从小不合群，想法与常人不同。

"不群"这个词，用在普通人身上就是"孤独症"，严重的话，得去医院治疗；但如果用在赵炅这样的帝王身上，就是"远见卓识""独树一帜"。

看着脚底下这群不停来敬酒、满嘴恭维、山呼万岁的将领们，赵炅又有些"不群"了——和北汉这一仗打得不错，打出了大宋的威风，打出了盛世气象，最主要的是打破了赵炅不如大哥赵匡胤文治武功的传言。

也许是赵炅在赵匡胤的阴影里生活太久了，太想把这个影子击得粉碎了！

"爱卿们，朕有一个想法！"赵炅端着酒杯，轻声说道。

赵炅的声音不大，但足以使喧嚣的大殿立即安静下来。

看大家都不说话了，赵炅才缓缓地站起来："朕决定，即刻起兵，伐辽！"

2

伐辽！

赵炅的话刚一出口，原本安静的大厅立时紧张起来！

北方游牧民族自古民风彪悍，自秦汉以来，中原农耕民族就长期在他们的抢劫围攻之下，甚少胜绩。就连曾统一六国的秦始皇，也不得不北筑长城，对其采取守势。

最主要的是，大家都很清楚，契丹人建立的辽国可不同于刚刚灭了的北汉。自唐亡以来，辽国迅速崛起，先后吞并了中原的燕云十六州，又向西北扩张，疆域面积之广超过以往历史上任何一个朝代，现在正处于全盛时期。而且，辽国以骑兵为主，无论是单兵还是集团作战能力都很强，现在皇帝突然说要伐辽，所有人都不敢说话。

看大家都不说话，赵炅笑了笑，继续道："今天，我主要想听听武将们的意思。"言外之意很明显，打架这种事情，文臣们没有发言权！

话说到这个份上，所有人都可以沉默，唯独一个人不行。这个人就是此次北伐的总指挥——曹彬。

3

曹彬，号称"宋初第一战将"，主战派，又是此次北伐的倡导者和总指挥。无疑，他的意见最具有说服力。

曹彬慌忙站起来，趋跪到赵炅座前。

虽然战功显赫，太祖早就赐他"持剑上朝，上殿不趋"的待遇，但是曹彬一次也没行使过这些特权。

礼毕，曹彬才缓缓道："臣反对伐辽！"

话不多，音不高，却足以让所有人为之一震。

《宋史》曾载，曹彬"气质淳厚"。换句话说，曹彬为人低调忠厚，像今天这样明确反对皇帝的意见还是第一次……接着，曹彬提出了三点依据：

第一，准备不足。

河北数十州县为伐汉提供粮草供给，已经没有足够的粮草来支撑另一场战争。

第二，兵疲将乏。

一场伐汉战争相持数月，宋兵早就累了，不能再打一场消耗战。

第三，辽强我弱。

辽骑兵作战能力强，这是宋军所不能比的。

曹彬说完，赵炅点了点头，不置可否。

他指着下边一位将领道："潘爱卿，你来说说！"

潘美这才站起来，躬身道："微臣同意曹将军的观点。"

潘美曾经参加太祖的"陈桥兵变"，灭南汉，是大宋军事圈里仅次于曹彬的二号人物，他的意见更间接证明了曹彬分析的正确性。

而且，他还补充了一条——"军功未赏"。

意思是，灭亡北汉，大宋一统天下，各位将士都等着班师回朝论功行赏，如果此时挥师伐辽必定引起军心不稳。

潘美的话还没说完，就听厅下一声断喝："臣不同意两位将军所言！"

4

说话的人名叫崔翰。

听到崔翰的声音，所有的人都站了起来。

只见他被一名士兵搀扶着走进大厅，脸上还缠着绷带。

此次灭汉攻太原城，身为禁军高级将领的崔翰身先士卒，脸部中箭也丝毫没有退缩，第一个登上城头。

崔翰走到御座前，礼毕，道："燕云数州自古就是我中原故土，我大宋军威所至，无所能敌，又有明主坐镇亲征，别说它一个辽国，就是十个，我大宋将士又有何惧！"

　　崔翰说毕，群臣跪颂，山呼万岁。于是，伐辽大计就这么定了下来。

　　宋太宗赵炅起身，满意地看了看跪着的崔翰，朗声道："传朕旨意，全军休整，即日起兵伐辽！"

韩德让：男人的榜样

1

公元979年，夏，幽州。

自唐末燕云十六州被辽国占据以来，幽州就一直作为辽国南部的都城而存在，号称辽国"南京"。

这日，幽州正在上演一场盛宴。

酒至半酣，一位满脸横肉的男人站了起来，原本嘈杂的房内立时鸦雀无声。他端着酒杯看了看身边的一位英俊青年，笑道："各位将官，向大家公布一个好消息！燕王殿下即日赴京述职，幽州的一切军政大权都交给小王子处理！"话音未落，音乐响起，又是一片庆祝声！

人声鼎沸中，男子旁边的英俊青年站了起来，他稍一躬身，道："小子不才，蒙父王错爱，将幽州的守御大权暂交于我，还望各位将军们能多多指教，齐心协力助我理政！"

虽然不是王爷，但人家毫无疑问是王爷的法定继承人。话都说到这份上了，其他人岂有不买账的道理，接下来又不免一阵恭贺之声……

这里的小王子名叫韩德让，是辽国历史上一位牛得不能再牛的人物。

到底有多牛？

举个例子，他从小立志要做天下男人的楷模——当皇帝！

可是做皇帝这种事情，不是自己能决定的，很多情况下这取决于自己的爹是不是皇帝！而韩德让的爹不仅不是皇帝，阶级身份甚至是奴隶。从这点来看，韩德让是没希望了。

不过，他并不气馁——既然不能做皇帝，就做皇帝他爹！

最后，他做到了。

他成功地和萧太后好上了，而且一好就是几十年；这还不算，韩德让死后，皇帝居然把他和太后葬到了一起……

就凭这点，韩德让可以说是男人的榜样。

不过现在，韩德让还只是一个小年轻，其父入京述职，由其代理军务！

2

公元 979 年，宋太平兴国四年，夏。

宋太宗赵炅灭北汉后，直接从晋阳出兵，伐辽。

大军出宋境，克辽重镇岐沟关，破东易州，此为宋军一战。

宋军先锋过东易州，在沙河与辽国北院大王耶律奚底的骑兵军团遭遇。耶律奚底全军覆没，逃回幽州，宋军二胜。

宋军主力围攻涿州，涿州守将投降，宋军三胜。

耶律奚底军与宋军遭遇于幽州南，被围歼，宋军四胜。

大军压境，幽州周边的顺、蓟两州被迫投降，宋军五胜。

是年九月，各路宋军汇合于幽州南，宋太宗赵炅与韩德让开始了历史上的第一次交锋！

3

坐拥二十万大军的赵炅一开始根本没有把毫无军功、只有两万守军的韩德让放在眼里，他命令士兵昼夜攻城，有时甚至自己身穿甲胄亲自上阵指挥。

韩德让则不同——他认为自己很弱，所以，他命令士兵坚守城池，绝不出战。

于是，幽州战场的局面就是：宋军像打了鸡血似的日夜翻墙；辽国一方则轮班倒休，偶尔扔几块石头把翻墙的人砸下去！

战争就这么一直耗到了九月，眼看城里的石头要扔光了。韩德让终于等到了机会——援军！

4

三万辽国援军在小将耶律休哥的带领下及时赶到，驻扎在高梁河（现北京西直门附近）。

在幽州城外转悠了几个月，没见到几个辽兵的赵炅突然看到黑压压一片辽国人，立即兴奋起来。

于是，他做了一个足以令他后悔终生的决定——立即拔寨绕过幽州，直接攻打高梁河岸边的辽国援军。

两军甫一接触，数倍于辽人的宋军稍占上风。

而两军战斗正酣之际，城中的韩德让终于爆发了——他带领幽州城的所有守军全数出击，攻击宋军的后方。

经过一个昼夜的连续作战，战局终于被扭转，腹背受敌的宋军逐渐败下阵来。

关键时刻，宋太宗赵炅屁股中箭，仓皇南逃。

宋军各路将士一看皇帝跑了，根本无心恋战，二十万大军就如潮水一样向南退去——宋军败了！

此战，二十万宋军被不足五万的辽军打败，宋太祖赵匡胤毕其一生训练的数万禁军精锐全军覆没。也就是从此战开始，中原政权经历了从宋初到元末接近 400 年在战场上不敌北方少数民族政权的漫长时期！

战后，韩德让因军功被封为辽兴军节度使，正式走上了历史舞台。

赵德昭：要奖金的代价！

1

公元979年，发生了几件大事：

首先，皇帝宋太宗赵炅御驾亲征北汉，一举占领北汉首都晋阳，统一中原，从而结束了唐亡以来中原的分裂割据局面。

其次，灭亡北汉之后，赵炅并没有打道回府，而是直接北上，攻打正值盛时的辽国，试图夺取被辽国占领的燕云十六州。

他想成为中国历史上继汉高祖刘邦、周世宗柴荣之后，以万乘之尊亲征北方少数民族政权的汉族皇帝。当然，这三位皇帝全都失败了。直到后来的明成祖朱棣"天子守边疆"，才打破了"汉族皇帝北征必败"的魔咒。

这一战，无往不胜的二十万大宋士兵在与辽国的交战中溃不成军，赵炅本人更是屁股中箭，仓皇南逃。要不是投降大宋的"杨家将"大当家杨继业舍命相救，赵炅有可能就回不了开封了。

"屁股中箭，仓皇南逃"，这种事情关系到官家的个人形象，不能乱说！所以，回到首都开封之后，大宋的文武百官都对此讳莫如深。

不过，在当时，皇帝在宋辽两国士兵打群架的关键时刻不见了踪影，这引起了很多将领的遐想——皇帝挂了！

军中不可一日无主。于是，大伙儿讨论着欲立宋太祖赵匡胤的儿子赵德昭为皇帝。

正在这个关键时刻，从南边的镇州传来消息——皇帝已逃出辽兵追捕，在镇州驻跸。

于是，这废立之事也就此作罢。

2

兵败而归，屁股中箭，只能趴在龙床上办公的宋太宗赵炅很不爽。

"这些臣子真不行，朕不在军中居然有人想废立事。'君者，神命天授'，岂是你们几个连自己的名字也不会写的武将莽夫们说立就立的。手里的刀还没拿稳，是不是脖子就痒痒了？早晚有一天朕会砍了你们这几个军头！"赵炅这么想着。

正在这时，小太监禀告，武功郡王赵德昭求见！

赵德昭，宋太祖赵匡胤的嫡子，当今太宗的侄子，被封武功郡王。

《宋史》言，"德昭喜愠不形于色"。

说好听点，赵德昭这个人平时言语不多，不大在人前显露心迹；说难听点，赵德昭的城府有点深。

这并不奇怪，自己的爹是宋朝开创者，按说，爹死了应该把皇位传给儿子。可最后，自己这个合法继承人稀里糊涂地成了郡王，亲叔叔成了皇帝。再加上早就盛传的"烛影斧声"之说，没点儿城府，在这个波诡云谲的大宋庙堂上估计早就被整挂了。

3

赵德昭走进寝殿，向趴着的宋太宗行了个大礼，道："伐汉之役，我大宋统一中原，千秋伟业即成。陛下回銮已久，是不是该给立功的将士们封赏呢？"

赵德昭的话说得很明白了——宋太宗北伐，虽然在对辽国的战争中失利，但是灭汉之战将士立功无数。年底了，该给这些将士发奖金了！

听完赵德昭的请示，宋太宗趴在龙床上一句话也没说。

灭掉北汉，统一中原，确实是大功一件，赵炅何尝没有想过给众人论功行赏。可是，他咽不下这口气，二十万大军被辽国五万人赶得到处跑，自己屁股上还挨了一箭，实在太丢面子。

所以，一开始，谁提封赏的事情，他就骂谁。

到后来，赵炅想明白了，灭北汉跟伐辽一码归一码，该奖励的得奖励，该惩罚的得惩罚。所以，还是要给这些立功的将士封赏。

可是这时候又没有人敢提了。

找不到台阶下的赵炅似乎这时候才发现自己给自己挖了一个坑——这时候如果有人敢犯龙颜上谏为众人请赏，那这些军头们将会卖命跟着他干。

他甚至做好了心理准备，如果来请赏的人是曹彬、潘美，哪怕是那个鼓动自己进攻辽国的崔翰，他都会同意这个请求。毕竟是跟着自己一起打江山的老部下，让他们收揽点人心也是应该的。否则，会显得自己太寡恩。

4

但是现在，来请赏的偏偏是赵德昭！

身为宋太祖的嫡子，高梁河之战中，众将士差点儿要立你当了皇帝，现在你又来为他们请功，你想干什么？

颇有城府的赵德昭，在这个事儿上难道没有想明白？其实，他的心里跟明镜似的。可是毕竟年轻，没经过事儿，被下边这些军头们一怂恿，一下子没控制住，就进宫给各位将军请赏去了！

可是，等他看到宋太宗躺在病床上，眼睛里射出异样的光芒时，他就知道这回自己要栽了！

宋太宗赵炅目不转睛地盯着眼前的这个年轻人，眼神中散发出一股隐藏已久的杀气。

过了好一会儿，赵炅突然怒不可遏，破口大骂道："封赏？什么封赏？大败而归，还有脸向朕要封赏。等你武功郡王当了皇帝的时候再给他们封赏吧！"说着，赵炅把手里的药罐子砸向赵德昭。

赵德昭慌忙跑出寝殿……

第二日，清晨，小太监向皇帝轻声禀告，武功郡王赵德昭昨晚自杀于王府……正在洗漱的宋太宗赵炅擦干脸，说了声知道了，随后下旨：武功郡王才高德盛，大殓；北伐将士功高劳苦，大赏。

赵普：整人，是门技术活

1

公元 982 年，宋太宗太平兴国七年，深夜。皇宫。

一个身影急匆匆地从正阳门走入。

守城的禁军卫士见到来人，早早地打开了宫门，待他走过，宫门又轰隆隆地关上了……

虽然已经是午夜，但皇帝的书房内依旧灯火通明。

皇帝宋太宗赵炅表情严肃地坐在龙椅上，下面站着的正是刚才夜闯皇宫的中年人。

来人名叫柴禹锡，他学识渊博，精习法术，年轻时就已经名噪一时。

而就在自己事业进入巅峰时，柴禹锡主动脱离朝政，进入当时还是开封府尹的晋王赵光义门下当了一名普通的谋士，为赵光义执掌朝政、备位中枢做出了很大贡献。

后来，赵光义登上皇位，也就是宋太宗。作为潜邸旧臣，柴禹锡自然而然地也就成了太宗的心腹之一。所以，他才敢夜闯皇宫。

今晚，柴禹锡带来了一个惊天的消息——

秦王赵廷美意欲谋反！

2

唐亡以来，五十年里，中原经历了五个朝代。宋朝建立后，赵匡胤总结出一个经验：接班人问题，是王朝存续的核心问题。

所以，宋朝是一个注重培养接班人的朝代。

赵匡胤当皇帝的时候，没有对自己的儿子进行任何分封，而是把亲弟弟赵光义封为晋王、开封府尹，执掌首都治安、军队、行政事务。通过一段时间的锻炼，赵光义很快从一个单纯的文艺青年，成长为一名圆滑、钻营的油腻政客。

赵匡胤死后，赵光义顺利登基。赵炅（赵光义当皇帝后改名赵炅）当了皇帝后，继承了"培养优秀接班人"的传统，册封弟弟赵廷美为王，接替自己当了开封府尹。

赵炅不说，但是明眼人都能看出来：现在的赵廷美已经是大宋名副其实的二把手；如果一切顺利，皇位肯定是他赵廷美的！

不同于出身行伍的大哥赵匡胤和伪文青赵炅，赵廷美生性耿直，为人坦率，虽然没有打过仗，没有军功，但是出身鸿胪寺的赵廷美是一位人品和气质俱佳的外交官。

其实，对于接班人问题，赵廷美并没有多想。

但是，天真的赵廷美万万没想到：上头整人这种事情，从来不会因为你不多想就放过你！

3

现在，柴禹锡的话带到了，理由似乎也充分——私自结交朝廷权臣。宋太宗赵炅一声令下，那就开整吧！

不过，赵炅在动手整人前还要考虑另外一个问题：赵廷美，是自己的亲弟弟，如果亲自动手整他，日后肯定会落人话柄。而且，赵廷美贵为皇族，被封为"诸王之王"的秦王，执掌首都军政多年，皇帝不能亲自出面整他，还有什么人够资格整？

赵炅绞尽脑汁终于想到了一个人——赵普！

赵普，太祖赵匡胤的义兄，执掌大宋相印数十年。除了皇帝本人，够资格整赵廷美的只有他赵普一人了。

另外，还有一个更重要的原因是，赵普与现任宰相卢多逊不对付——当年赵普被罢相就是卢多逊使的坏，而赵廷美似乎跟卢多逊关系不错。

4

赋闲在家的赵普接到任务后，立即走马上任。首先，他拘禁了秦王赵廷美和宰相卢多逊。

其实，柴禹锡告密的时候，并没有提赵廷美私自结交的就是宰相卢多逊，可是谁让卢多逊与赵普有仇呢！

不过，事情进展得并不顺利。令赵普没想到的是，监察部门连哄带吓的一通棍棒下来，居然没有找到任何赵廷美和卢多逊谋反的证据。

这下，问题有点棘手了！人该抓的也抓了，审也审了，揍也揍了，难道要跟皇帝说查无实据吗？

如果那样，别说皇帝脸上无光；放虎归山，到时候秦王和卢多逊联手还不得把自己给整死。在朝中为官多年的赵普，这点敏感性还是有的。

既然不能从主谋身上找到证据，那就从从犯身上找。

于是，赵普决定"抽审"另外两名嫌疑人。

所谓的"抽审"，其实很简单，就是用鞭子抽着审。这两嫌疑人不是别人，正是秦王府和宰相府的管家。抽审的理由很简单——这两哥儿们经常一起喝酒！

你俩为啥经常一起喝酒？在密谋什么？是不是各自的主子不方便说的话，由你们传达？有没有谋反？

赵普的"边抽边审"和诱供政策很成功：两个管家交代，秦王和卢多逊盼着皇帝早死早接班！

这下，秦王谋反的罪名终于勉强被坐实了。得到口供后，赵普连夜上奏。

公元 982 年，秦王赵廷美被免去开封府尹一职，后又被削去所有官职，宰相卢多逊亦被发配海南。

公元 984 年，赵廷美在禁所吐血而死。一年后，卢多逊病死在海南崖州……

赵炅：我也立个鸿鹄之志

1

公元 986 年，即宋太宗雍熙三年，首都开封。

皇帝赵炅正在召开一场规模空前的御前会议，大宋名将们悉数到场：除了曹彬、田重进、米信这些老将领，李继隆、李继宣等年轻将领也来了。

皇帝还没到会场，又没有提前告知会议议程，所有人的心里都没有底——大殿内议论纷纷，一片嘈杂。

突然，随着小太监一声"皇帝驾到"，原本混乱的大殿内立时安静下来。宋太宗赵炅大跨步走到龙椅前，坐下。

赵炅的口碑不是很好，都说他杀了李煜，还抢了人家李煜的老婆……

再加上宫内外流传的"烛影斧声"之说，皇弟秦王赵廷美、太祖儿子赵德昭、赵德芳三人又离奇死亡，质疑赵炅继位合法性的声音一直不绝于耳。

这些闲言碎语，赵炅都知道。但是，他不想理睬。

可是，不理归不理，赵炅的心里还是很不爽。谣言吧，作为当事人，说多了不好，有人会骂你格局小、不容人；说少了也不行，人家说你做贼心虚。

不过，赵炅很聪明。虽然格局赶不上自己那位太祖哥哥，三顿酒就收回了全天下的兵权，但是赵炅也不会傻到去跟流言蜚语较真。所以，他并没有下令去堵那群闲文人们的嘴。

流言嘛，就让它流好了。

他只要做好一件事情——证明自己有能力做好这个皇帝，最起码不比太祖哥哥差。

而证明自己的最好方法就是建立像秦皇汉武一样的功勋，彪炳史册。

所以，赵炅上台伊始，就力排众议发动了针对北汉的战争；灭北汉后，更是直接北上伐辽，只可惜那次因为战术失误，自己中箭而归。

屈指一算，从上次幽州之战至今，正好七年。在这七年里，赵炅每次坐在椅子上，屁股上的那个箭疮都会隐隐作痛，似乎是在提醒自己幽州之仇。

所以，他今天召集诸将，目的只有一个——再次北伐辽国！

2

说到"伐辽"，宋太宗赵炅的这个志向不可谓不高，最起码不比当年汉高祖北伐的志向低。

令赵炅欣慰的是，这次将领们的心态比七年前好了许多——不再谈"辽"色变。曹彬、潘美等人都是赵匡胤一手提拔起来的老将领，意识最强、态度最好，官家说要伐辽，他们连个"不"字都没说。

崔彦进、米信这几个莽汉，一向以打架为职业，所以"伐辽"他们举双手赞成。

杨业这些降将们更不用说了。在这个"出身决定论"的社会里，你再能打，身为降将在朝堂上总也抬不起头来。所以，"伐辽"对他们来说是一个机会，一个立功受奖的机会，也可以让那些揣着明白装糊涂的文人们看看，别整天抱着他们的黑历史做文章。

既然符合所有人的利益，大家都没反对，事儿就这么定了！

3

既然是北伐，就不能小打小闹。

宋太宗赵炅继续给将领们上课：后周世宗皇帝、我朝太祖都曾伐辽而不得，这次我们将投入大宋全部精锐，能不能成功就看你们的了！

这话说得很明白，意思是前面两朝皇帝跟辽国打架都没打赢，这次我们人多，如果打赢了就是大功一件。

官家的话都说到这份上了，下边的人肯定要表个态。

第一个出来说话的，肯定还得是号称"宋初第一战将"的曹彬。

曹彬站出朝班，道："辽国强主刚逝，主少国疑。我朝皇帝英明神武，君臣一心，大军兵强马壮，此次出征必能夺幽州、斩敌酋。"

曹彬这个表态好，既把敌我优劣对比了出来，又没有什么实际意义。翻译一下就是，赢了都是你们的功劳，败了也跟我没关系。

赵炅也是从基层一路干上来的，下边人的这种油滑，他比谁都清楚。赵炅挥挥手，让曹彬退下。

大将米信站了出来。

米信"所为多暴横"，他从小靠打架为生，打仗的时候肯定第一个冲锋，没仗打的时候就在家里打仆人，打丫鬟，经常致人死命，所以大家都很怕他。

暴横是暴横，那也分对谁——在官家面前，米信才不敢放肆。所以，从后周世宗皇帝到大宋太祖赵匡胤、太宗赵炅，米信一路从小兵熬成了大将。

米信跪下，雄赳赳道："皇上请放心。区区一个辽国，不堪一击。臣一定第一个登上幽州的城墙，皇上您就在开封等我们的好消息吧！"

米信的表态就实在多了，既长了国家威风，又表明了个人的观点。

赵炅满意地点了点头，末了不忘叮嘱一声："米将军带军记得少吃酒，多谦虚，听从调令！"

米信很高兴，趴在地上，头都磕破了。其他将军们也陆续表态……

既然大家都没有异议，北伐这事就这么定下来了。

宋太宗赵炅当朝宣布，择日起兵三十万，兵分三路伐辽，史称"雍熙北伐"！

曹彬：油滑误国

1

公元 986 年，宋太宗雍熙三年，春末。雄州。

城中心的州衙内，正在召开一次重大的军事会议，会议的主持者正是号称"宋初第一战将"的曹彬。

这年的春天，宋太宗赵炅调三十万大军兵分三路，发动了针对辽国的北伐战争，试图夺取燕云十六州，史称"雍熙北伐"。

为了这次战争，赵炅做足了准备：

西路军由潘美、杨业统领，出雁门关，进攻陈家谷，直逼云州；

中路军由田重进率领，从定州出发，进攻辽国南部重镇飞狐，图攻蔚州，往援东西路军，打击辽援；

东路军作为主力，由曹彬带领，进攻新城、雄州，直捣涿州、固安。

军队出征前，宋太宗赵炅特意找主帅曹彬上了一课："东路军顿于雄、霸，裹粮坐甲以张军声。"

意思是说，东路军作为主力千万不要贪图小利冒险进入辽国腹地，可以驻守雄州、霸州，吸引辽兵主力，吃饱喝足了看中、西路军表演。

赵炅的计划是完美的——曹彬老成持重，用他牵制辽军主力。所以，宋军名将大多集中在东路军；潘美、杨业锋锐，用其攻城略地；田重进军队为机动，随时支援各方。

战争伊始，战事的进展也确实如赵炅所料：曹彬很快克雄州，围攻辽重镇涿州；潘美也破云州；田重进大败辽军。

但是，等曹彬进了涿州城之后才发现摆在眼前的一个大坑：辽国人撤退的时候烧掉了涿州所有的粮草，宋军的粮食只够吃十天。

万般无奈的曹彬只好放弃到手的涿州，退回雄州吃饭。到现在，曹彬的大军又在小小的雄州待了半个月。

今天，他召集诸将开会，讨论下一步的行动计划！

2

史载，曹彬"气质敦厚"。

其实，出身鸿胪寺的曹彬不仅气质敦厚，而且低调，即使在路上遇到了比自己品阶低的官员，他也会主动让路。

久而久之，大家都认为曹彬比较谦虚。

作为文人，谦虚是好事，最起码能多吃饭，少说话。话少了，事儿自然少。但是，身为武将，在面对军国大事的时候，如果再"谦虚"就显得有些油滑了。会上，副帅崔彦进首先表态：中、西两路大军势如破竹，已经攻占云、蔚；而身为主力的我们却只能坐守雄州，就连到手的涿州也丢了；我崔彦进丢不起这人；我提议，东路军继续北进涿州，把丢的脸给拾回来。

崔彦进是前朝旧臣，是跟着赵匡胤打天下的老军头。平定后蜀的时候，崔彦进是主将，曹彬那时候连偏将都算不上。

所以，对这种老将领的话，曹彬一般只是听着，既不赞成也不反对——油滑嘛，就要有油滑的样子！

崔彦进说完，另一名副帅米信就站了出来，说："我同意崔将军的建议；在这芝麻大的雄州窝了半个月了，仗也没得打，看着潘美、田重进这俩小子立功，我心里也痒痒了；豁出去了，我们再打一次涿州。"

米信的暴横在大宋的军事圈里是出了名的。对待这种莽汉，曹彬一向是不敢得罪的。因为米信这种敢打敢干的人，官家用着顺手；不像自己，前朝皇亲国戚的身份在这里摆着呢，官家的人时刻防着自己呢。

两个副帅都支持继续北进，下边的将领们也跟着起哄——好不容易有次建功立业的机会，岂能坐在这里看着人家立功！

这时候，身为主帅的曹彬有些为难：进军吧，出征前皇帝千叮咛万嘱咐一定要死守雄州，牵制敌军主力；不出兵吧，手底下这群大老粗们天天叫嚷着去立功，实在难以掌控。

不过，这也难不倒曹彬。进军有进军的油滑，死守有死守的策略。

曹彬呵呵一笑，道："我也知道两位将军说得有道理。可是，皇帝叮嘱死守雄州，万一出兵遇败，我可承担不起这个责任！"

听闻此言，米信和崔彦进立即站了起来，正色道："大帅尽管下令出兵，所有责任我二人承担。"

"好。既然如此，本帅立即下令，军士带足五日军粮，即日再征涿州。"

3

在雄州坐守半月的东路军，在曹彬、米信的带领下继续北进。抢占涿州后不久，曹彬大军的粮道被辽军切断。

再次南撤的东路军在岐沟关遭遇辽军主力，全军覆没……

潘美、杨业的西路军听闻东路军战败，火速回师，却遭到辽军的围堵，十几万人全部葬身辽地。

陈家谷之战，抗辽著名将领、"杨家将"大当家杨业殉国。公元986年夏，宋太宗发动的"雍熙北伐"以失败告终。米信、崔彦进违背军令，依律当斩，后赦。

曹彬节度无方，被降职处分。

潘美：害死"杨家将"大当家，这个锅我不背

1

公元 986 年，宋太宗雍熙三年。

春天，宋太宗赵炅发动了针对辽国的北伐，出兵三十万，分三路，试图夺取被辽人强占的燕云十六州。

可就在中、西两路大军高奏凯歌连下数州之时，身为主力的东路军却在岐沟关被辽军打败，全军覆没。

这日，大宋西北边陲重镇代州城内召开了一次重要的军事会议。会议的召集人是西路军的总指挥——主帅潘美。

潘美为人"好善、仁义"，即使"百虫之蛰犹不忍伤"。想当年，赵匡胤上位成功，谈及如何处置前朝皇帝周世宗柴荣的两个儿子时，所有人都要求杀之以免后患。只有潘美感念旧恩，不同意杀了世宗后人。于是，赵匡胤就把柴荣的儿子过继给潘美当养子，由其养大成人。

而且，潘美"素厚太祖"。意思是潘美和赵匡胤私交很好，是铁哥儿们。当年潘美跟着赵匡胤鞍前马后，数次北征，是大宋军事圈仅次于曹彬的二号人物。北伐的东路军败了，作为西路军的主帅，潘美今天召集大家主要是讨论西路军接下来的去留问题！

而在此之前，宋太宗赵炅的圣旨也已送到：护送四州百姓撤回宋境！

2

其实，从收到圣旨的那刻起，几乎就没有什么可讨论的，打是打不过

了，上级给的命令就是撤离。

撤离，就是逃跑。只不过，这次逃跑要带上四州几十万的老百姓。

针对如何逃跑这个问题，大家的意见有了分歧，对立的两方：一个是监军王侁，一个是"杨家将"的大当家杨业。

杨业在归顺大宋之前，就在边境与辽军作战，号称"杨无敌"。

六年前的雁门关大捷，杨业更是一战成名：以区区不到三千人，击败数万辽军，俘虏辽国驸马、大将数人。

所以，他说话很有分量。

今天，杨业的观点很明确：四州守将护送百姓从石碣谷小路偷偷撤退，自己带领一千人在谷口埋伏，辽兵追来的时候用箭将其射退。

按照杨业的思路，不仅可以安全护送百姓，而且趁敌军进入狭小的隘口时，出奇兵，说不定还会小有斩获。

杨业的话没有说完，就遭到了监军王侁的强烈反对。

3

王侁，其父曾在后周担任枢密使，相当于后周军队的一把手，是典型的"官二代"。

但是王侁"性刚愎"，独断专行，听不进去建议。

王侁虽然军功不多，但他是太宗眼前的红人，所以才在高手如云的西路军里担任了监军职务。

王侁认为，宋军和辽军人数差不多，如果摆开阵势一对一地干，谁胜谁负还不一定呢！如果连辽军的人影还没看到，就这么灰溜溜地跑了，实在太丢人。

末了，王侁还补了一句，都说你杨业是"杨无敌"，现在居然遇敌不前，难道你是想投降吗？

其实，打仗这个事情跟打架没什么区别。每个人都有自己的战术，有人善打硬仗，有人好打游击，只要能保全自己杀退敌人没什么好差之分。

可是，现在王侁说人家杨业想"投降"，就有点上纲上线了——人家是要自己断后，把最危险的工作留给了自己。

本来大家讨论的是"战术问题"，被王侁这么一说就成了"态度问题"！

既然上升到"态度"的高度，大家都不敢贸然发言。毕竟，王侁现在是皇帝面前的红人、监军，具有绕过主将直接上奏的权力——说不好，那是要掉脑袋的。

大家都不说话，潘美也不好直接表态。虽然自己"素厚太祖"，但是现在的皇帝毕竟是"太宗"。

主帅不表态，杨业只好自己说："我本来就是降臣，皇帝不杀我已经很感激了，怎么可能再投降敌人？"

最后，杨业提出了一个折中方案：杨业亲自带兵三千去迎击十万辽兵，潘美、王侁埋伏在陈家谷。自己退到陈家谷的时候，伏兵杀出，或许还有取胜的可能。

人家杨业都已经这么说了，潘美、王侁也没什么好说的，就先这么布置下去……

公元 986 年，农历六月十八，杨业带兵三千和自己的三个儿子出代州，向驻守在城外的十万辽军发动攻击。

兵败，退往陈家谷。

当杨业到达陈家谷后，发现原来埋伏的宋军已经提前逃走。

杨业守住谷口，死战，殉国。

西路军全线崩溃，西线国土尽丧，"雍熙北伐"失败。

张齐贤：哲学家的辩证法

1

公元 986 年，宋太宗雍熙三年，春天，大宋发动的"雍熙北伐"失败。

同年冬天，十万辽军在年轻的主帅耶律休哥的带领下进行了战略反扑，杀奔宋境。

耶律休哥号称"辽国战神"，他十八岁带兵平复国内叛乱，高梁河之战中带领三万辽军打得宋太宗二十万人丢盔弃甲，后来与宋朝又打了大大小小几百次，从无败绩！

这一次，耶律休哥是有备而来。

第一战，攻瀛洲。瀛洲守军五万，除守将率十几人逃出外，全部被歼。第二战，打雄州。雄州宋军全军覆没，守将殉国。

接下来，耶律休哥来到了宋朝重镇——代州城下。此时，代州的知州名叫张齐贤。

2

张齐贤，山东菏泽人，史书上说他"虑淹经国之才，堪副济时之用"。意思是说，这个人既能治国理政，又能经世理财，是个全才。

不过，张齐贤年轻的时候混得并不好，他经常跑到地方官员那里推销自己的"救世治国学"。当时国家初定，他那套"哲学"根本解决不了藩镇割据之类的问题。

张齐贤一看这些大老粗们不识货，就拦了太祖赵匡胤的御驾，没想到赵匡胤也没搭理他。

从那之后，张齐贤发奋读书，多年后，才在太宗朝中了进士，现在是代州知州。

虽然地处战略要地，但是此时代州只有守军五千，城外却驻扎了辽国精锐十万人。

身为代州军政一把手，"哲学家"张齐贤第一时间联系了驻守并州的战区司令员潘美。

二人约定，潘美悄悄地从并州出发，一起两面夹击辽军。说实话，从战术上来讲，这个计策并不高明，但在战争史上却屡试不爽，多次成功。

不过，令人尴尬的是，张齐贤派出的使者在回来的路上被辽军抓住了——计划泄露。

潘美派出的援军只好又撤回并州。

此时，耶律休哥断定，知道计划已经泄露的文人张齐贤肯定不敢再出城了。所以，当晚他命令兵士尽情喝酒吃肉，好好休息，明日天亮攻城！

但是，他显然低估了进士出身的张齐贤。

3

天黑之前，张齐贤派了五百人出城，隐藏在耶律休哥大军的侧翼！这五百人除了携带武器外，每人还带了好几个火把。

天一黑，张齐贤就率领五千代州守军全数杀了出来。

一开始，身经百战的耶律休哥也被打蒙了——什么情况？你张齐贤两面夹击的计划都被我知道了，居然还敢出来？你怎么不按套路出牌啊？！

还没等他想明白，张齐贤的五千宋军已经攻破了防线，杀奔中军而来。耶律休哥慌忙组织军队防御，眼看就要把张齐贤的五千人给围住了。

可就在这时，自己的侧翼突然又出现一支队伍，远远看去灯火闪烁，杀声震天，少说也有万把人。

辽军一时陷入混乱。一向小心谨慎的耶律休哥以为潘美的并州援军杀过来了，于是放着眼前只有几千人的张齐贤也不打了，慌忙命令队伍撤退。

耶律休哥一撤，"哲学家"张齐贤赶紧站在战马上大声喊道："辽军败了，耶律休哥死了！"

主帅死了！

只这一嗓子，本来还有些抵抗力的辽军迅速土崩瓦解，全线溃败。

估计此时战马上的耶律休哥气得牙根痒痒——你张齐贤不过是一介书生，书生不应该温良恭俭让吗？怎么今天撒起谎来了？你哪只眼睛看到我死了？

不管耶律休哥怎么想，张齐贤反正不闲着，带领不到一万的代州守军一路追杀，埋头砍人。

随后，并州的潘美也得到了消息，急速带领并州大军也赶了过来。两军从代州砍到雄州，从雄州砍到瀛洲，直把辽军赶往关北才收队回家……

经此一战，辽国国舅、宫使等大批皇亲贵胄被俘，数千辽军被杀。同时，这也是历史记载耶律休哥成名以来的第一次败绩！

而"哲学家"张齐贤的一生才刚刚开始。

尹继伦：一黑到底，一战成名

1

故事要从公元 989 年，也就是宋太宗端拱二年讲起。

《诗经》说"七月流火，九月授衣"。意思是说，从七月开始，天气就逐渐转凉了。

而对常年生活在北方草原上的契丹人而言，七月正是草茂马肥的季节。同时，这也是去南方邻居那里打秋风、敲竹杠的好时节。

这年七月，辽国最负盛名的将领——耶律休哥，率兵五万，进军大宋边境。

俗话说，江湖有江湖的风雨，庙堂有庙堂的风景。宋初的江湖还没形成规模，故事远没有庙堂来得精彩。

在当时的辽国庙堂上，也有一句话叫"武休哥，文德让"。

"文德让"，就是全天下男人的楷模韩德让。

"武休哥"，就是辽国名将耶律休哥。

耶律休哥"多智谋，善料敌"，想当年，只有十八岁的耶律休哥带兵平叛，在将才云集的辽国开始崭露头角；后来，辽宋满城之战中，年轻的耶律休哥更是一战封王，晋封"北院大王"；高粱河之战，耶律休哥三万辽兵打得宋太宗二十万大军丢盔弃甲；雍熙之战，耶律休哥全歼宋东路军主力十万人……

所以，听说是耶律休哥亲自带兵南侵，宋太宗赵炅也是十二万分谨慎——他亲自命令北方的威虏军严阵以待，防范辽军；同时，命令定州知州李继隆运送数千石粮草给威虏军，以解后顾之忧。

接到指令后，李继隆不敢怠慢，亲自护送千石粮草出定州，赶往前线。

李继隆出发前，把自己的偏将叫到跟前，道："安全起见，尹将军先带一千人出发，前面探路，以防我大军中了辽人的埋伏。"

这个偏将名叫尹继伦，因为长得黑，时人称之为"黑将军"。这一次，黑将军尹继伦将一黑到底，一战成名。

2

因为是探路，没有具体的打架任务，而且据说对手还在百里之外，"黑将军"尹继伦带领的一千人连盔甲都没穿戴整齐就上路了。

在心理学上有一条可怕的定律——"墨菲定律"，简单地说就是怕什么，来什么！

尹继伦那天不知道是不是点背，还是中了"墨菲定律"——刚走出不远，就远远看见耶律休哥的五万大军正向自己开过来。

说不害怕那是不可能的，毕竟自己只有一千人，而对方却有五万精兵。不过，作为军队首领，即使害怕也不能表露出来，装也得把这关给装过去，不然以后没法在江湖上混了。

所以，尹继伦一面命人火速返回向主将报信，一面让大家拿好武器装备组成战斗阵型，严阵以待，准备迎战。

当然，你看到了辽军，辽军也看到了你。

战马上的耶律休哥看到前面那一小撮连杀人工具都没配齐的宋军，就乐了，道："这是什么玩意儿，简直就是一群农夫临时拼凑的队伍。"

于是，耶律休哥下了一个足以令他后悔终生的命令："不要被眼前那队农夫军打乱了进军步伐，火速前进，去定州有肉吃，有银子抢！"

契丹人不缺肉吃，但银子的诱惑力还是很大的。而且，主帅都说了，就这一群连战衣都没混上的士兵能掀起多大的浪。

所以，辽兵继续埋头赶路，丝毫没理会眼前的这群人！

3

刚做完战前思想动员工作的尹继伦，这下有些尴尬了——刚才还在说诸如"保家卫国守社稷""好儿郎当捐躯沙场""大丈夫死则死耳，何饶口舌"之类的话，现在人家竟然连看都不看你一眼。

看着从身边擦肩而过、浩浩荡荡的辽军队伍，尹继伦没有庆幸自己躲过了一劫，反而气得哇哇直叫。

你好歹射上一箭，哪怕是骂上几句，回去我也好交代，说我跟辽国人干了一架。

现在算什么？把我当透明人啊！太瞧不起人了。不行，我得找他们干一仗……

打定主意要与辽军死磕的尹继伦对手下道："兄弟们，这群辽虏太不把咱们哥几个放在眼里了，居然连一支箭都不放就走了，真是欺人太甚！他们既然不打我们，我们就打他们，别让他们以为我们好欺负。大家意下如何？"

不知道尹继伦的手下是不是和他一样狂妄到无脑，还是被尹继伦那股子狂妄劲儿感染了，他们居然同意了——辽军欺人太甚，要找他们干一架！

接下来，就是尹继伦和他带领的"不要命小分队"的表演了！

4

不过拼命是拼命，尹继伦可不傻——

他们一直等到天黑，待天色暗下来之后才趁着黑夜骑上马，迅速向辽军追去。一直追到黎明，尹继伦他们赶到徐河岸边，远远看见河边上一片连绵数里的辽军大营，河对岸四五里处星火点点的正是李继隆的运粮大军！

辽军阵营中炊烟袅袅，正在做饭！

尹继伦迅速集结队伍，偷偷潜到距离敌营只有几十米的距离。他看看差不多了，一声令下，一千人组成的"不要命小分队"大吼一声，直接杀奔耶律休哥的大军而去！

此时，辽军大部分都还没有起床，起来的也是在等着吃饭，连兵器都没有带。尹继伦的队伍拿出那股不要命的劲头，一阵狂杀，埋头砍人，辽军五万人的大军竟然溃不成军。

耶律休哥此时正在吃饭，听到帐外一阵喊杀声，急忙扔下饭碗跑出来看个究竟。

没曾想尹继伦当下赶到，手里的刀直接向耶律休哥砍来，吓得耶律休哥急忙用手去挡，尹继伦的大刀直接砍进了他的肩胛骨。

关键时刻，多亏耶律休哥的卫兵及时赶到，拼命护卫，方才挡住尹继伦的疯狂进攻。

这时候，河对岸的李继隆也没闲着，命令运粮大军火速渡河，跟尹继伦的人马合成一队，一起追上来。

耶律休哥受伤，骑马慌忙向北逃去！辽军五万大军跟着主帅也一路北遁……

此战，尹继伦不足一千人砍杀辽军一万余人，辽国宰相被生擒，主帅耶律休哥身负重伤，差点儿命丧黄泉，逃往幽州。

欧阳修：戏得好好演

1

宋初，西都洛阳，某夜。

一处高宅大院内正在举行宴会。

宋人"豪侈""喜剧饮"。虽然是西都，赶不上东京开封汴河两岸的灯红酒绿，但该有的酒馆、饭店还是得有。

何况，今晚是一场私人聚会。

宴会的主人名叫钱惟演。钱惟演虽然不是很出名，但是他爹钱俶的名气就比较大了。

想当年，宋朝刚建立的时候，"中原武林"有三大巨头鼎立：太祖赵匡胤的北宋；文艺界领头人物李煜的南唐；最后一个就是钱俶的吴越国。

后来，钱俶投降赵匡胤，封王。

钱惟演是钱俶的儿子，现为西京留守。"留守"这名字听着不怎么好，却是西都洛阳最大的地方官。他请喝酒，被请的人肯定也是有头有脸的人物。但是，今晚钱惟演这酒喝得不是很爽。

2

酒喝得差不多了，舞女的戏也快演完了。

可唯独缺了一位客人，而且，自己平时最喜欢的那名舞女也没有到。

钱惟演"佞人"也，意思就是比坏人还坏的人！而且，钱惟演也和汉高祖差不多，"好酒及色"。

可今晚酒没喝好，色也没捞着，这让钱惟演多少有些不爽。再说了，今天的聚会请的都是才子，梅尧臣、谢希声……他们哪个的文章拿出来不得无数人点赞！

可是现在，没有了佳人，怎么在这些风流才子们面前显摆？

3

钱惟演正郁闷间，门"吱呀"一声开了。

从门外一前一后地走进来两个人。前面衣衫不整的正是今晚自己预订的那名舞女，后面进来的是一名年轻人——自己的客人！

大家都是过来人，钱惟演一眼就看出是怎么回事了——偷吃偷睡，居然偷到了我的府内。

所以，钱惟演很不高兴。

他白了一眼站在旁边的女子，厉声道："去哪里了？宴会都要结束了才来。"

"回主家，奴家头上的金钗不见了，四下寻找，所以迟了。"

钱惟演听了更不高兴了，于是冷冷说道："什么金钗丢了？别以为我不知道。"

他说着指了指后面进来的年轻人，道："站在你面前的这个人是个大才子，如果你能让他以此景写首词，我就放过你；否则，将拿你是问。"

钱惟演说这话就有点故意刁难的意思了——人家本打算来讨口酒喝的，你就让人家作词。

这不是刁难是什么？

没想到，钱惟演话音刚落，刚才的年轻人呵呵一笑，即张口吟道：

> 柳外轻雷池上雨，雨声滴碎荷声。小楼西角断虹明。阑干倚处，待得月华生。

燕子飞来窥画栋，玉钩垂下帘旌。凉波不动簟纹平。水精双枕，傍有堕钗横。

意思很明白了：金钗掉哪里了？我俩刚睡过的枕头边！听完年轻人的新词，所有在座的嘉宾都大笑起来。

钱惟演也面露喜色，抚掌尴尬地笑道："先生果然大才！这个姑娘今晚就送给你了！"

年轻人深拜，谢道："小生欧阳修，谢过大人！"

赵元佐：我疯起来连自己的东宫都烧

1

公元 985 年，即宋太宗雍熙二年，重阳夜。

重阳是古代大节，按惯例，皇宫中还是要有一场盛宴的。既然是宫宴，那主角肯定是太宗本人。

太宗"好学攻文，沈谋英断"，意思是太宗不仅是个文艺青年，而且颇有谋略。

是不是文艺青年这种事情不好说，但谋略还是有的。想当年，太宗跟钱俶喝了一场酒，钱俶当晚就死了；李煜喝了太宗的酒，也死了；再后来，第一皇位继承人、太宗的亲弟弟赵廷美突然吐血，不久倒毙；最后，太祖的两个儿子，赵德昭年纪轻轻拔剑自刎，二儿子赵德芳不久无病而逝……

这些都是谋略！

不过，今晚惠风和畅，臣僚、宗亲们都来了，太宗颇有喜色——不管什么谋略，现在他坐在了皇位上，一切都得听他的。

对于这场盛宴，史书上对宋太宗的描述是"帝喜"。

"喜"这个字比较传神，不是"帝甚慰""帝欣然"这种史家常用的词。

而就在"帝喜"的同时，太宗突然发现，皇宫的东边火光冲天……很快，小太监来报，楚王赵元佐居住的东宫着火了！

2

赵元佐，宋太宗的长子，"少聪警，貌类太宗，帝钟爱之"。

"聪"肯定是聪明的意思，但这个"警"就不好说了，怎么听都有点小心眼儿的意思。

小心眼儿就小心眼儿吧，毕竟长得像太宗，所以太宗很喜欢这个儿子。

自己登上皇位后，太宗赵炅就把赵元佐安排住进了东宫，大有自己接班人的意思。

"聪警"的赵元佐虽然相貌长得像宋太宗赵炅，但是在这"谋"上显然跟他爹差了很多。当年，叔叔赵廷美被人陷害，被捕入狱，朝廷上下无人敢救，只有赵元佐一个人跑到太宗面前"独申救之"。

这可把太宗气个半死——这孩子真没数啊，赵廷美是我弟弟，我也不愿意这样啊，整他还不是为了让你顺利继承皇位啊！你还申诉个啥？！

后来，赵廷美神秘吐血而死，悲愤的赵元佐居然疯了，动不动就对家人动刀动枪，甚至点火烧宅……

元佐癫疯，多少与太宗的不近人情有点关系，所以太宗心里还是很愧疚的。他一面命令太医详加调理，一面增加了对赵元佐的关心。

而这一切，都被赵元佐的弟弟们看在眼里。看来老爹还是最疼大哥啊，大哥都这样了，老爹还惦记着他，甚至连东宫都没让他搬出来，看来这皇位继承人还轮不到我们。

今晚，太宗大宴群臣，所有的子弟儿女们都到了。但是，考虑到元佐初愈，赵炅就没有叫他来赴宴。

于是，兄弟们商定，宴会后去东宫"探视"一下大哥元佐。

其实，所有人都知道，这种探视对"聪警（小心眼儿）"的元佐意味着什么。

果不其然，赵元佐听说皇帝召集了所有的家人去赴宴，唯独没有叫自己，思来想去都是因为老爹看不起自己。他越想越生气，一生气又犯了疯病，于是一把火烧了东宫。

3

重阳佳节，东宫失火。这让太宗十分生气。

牵涉皇家家事，应急部门不敢耽搁，很快查明原因——楚王赵元佐对皇帝不邀请自己赴宴心生不满，疯病发作，火烧东宫。

调查报告送到太宗案上的时候，太宗还在气头上，他朱笔一挥：捕元佐，废为庶人，贬至均州……

从此，赵元佐彻底离开了权力舞台的中央。

同年，太宗次子、赵元佐的弟弟赵元僖晋封许王，加封开封府尹。

吕端：小事糊涂，大事不糊涂的一把手

1

那年，宋太宗要御驾亲征北汉，本来想让弟弟齐王赵廷美留守东京的。而赵廷美听从府判吕端的建议，随军出征。

回来后，赵廷美就被封了"诸王之王"的秦王，此时吕端的职务是开封府判官。

吕端"善谈谑"，平时很会说话，爱开玩笑，开朗大方。虽然身为文官，但吕端其实是武将出身。

吕端小时候学习不好，不得不"以荫补千牛备身"——吕端的父亲是兵部侍郎，因为这层关系他才有机会进军队当兵，成了一名禁军侍卫。

身为"官二代"的吕端，仕途并不顺利。将领们都看不上这个整天"之乎者也"、头脑不清的年轻人，所以吕端在军队中有些吃不开。

军队待不下去，吕端不得不跑关系到国子监进修了一段时间，没想到之后被分配到弘文馆翻古书，又坐了几年冷板凳。

宋太宗赵炅上台后，开封府尹、齐王赵廷美任用吕端当了开封府的判官。眼看就要正式进入文官体系了，可是不久，赵廷美就因谋反被捕，不久暴毙。吕端也因此被贬。

后来，吕端托关系又去了宋太宗指定的继承人、许王赵元僖府中当了判官。不久，赵元僖也死了，吕端再次被贬。

2

吕端两次被贬后，担任颍州副史。

那年年底，按照大宋规定，所有外放的官员都要回京述职，顺道也要向皇帝请安。

外放官员嘛，或多或少都有点黑历史。但毕竟家在京城，一个人在外当官，心里肯定有点不自在。

所以，这述职大会就成了"诉苦"大会——

"官家啊，老臣身体太差，快把我从边境调回来吧！"

"官家，下臣上有老下有小，实在坚持不下去了！"……

对于这场述职大会，史书上这样记载道，"皆泣涕，以饥寒为请"。意思是说，大家都向皇帝哭穷，在地方解决不了温饱问题，请求调回京城。轮到吕端述职了。

没想到，吕端汇报完工作后，扭头就走。

吕端不说话，宋太宗赵炅反而有些不好意思了——毕竟赵廷美谋反、赵元僖去世跟人家没什么关系，把人家发配到颍州，确实有点儿过分。吕端要是申请调回，自己正好找个台阶给他调回来，可是现在人家一句怨言都不说。

太宗忙叫住就要出门的吕端，道："吕卿，你没什么要说的吗？"

"没有。"

"颍州那个地方比较偏僻，你家里还有妻女孩子要照顾，不申请调回来吗？"

太宗干脆把话挑明了。

吕端这才重新跪倒，涕泣道："老臣以前侍奉秦王，秦王获罪，您没有怪罪我，仅把我贬官；后来，又伺候许王，许王暴毙，您还是没有怪我，还让我当了颍州的副使。这么大的恩情，臣一定铭记在心，一定会在任上尽心尽职，报效朝廷，还奢求什么调回京城。我已经心满意足了！"

听完吕端的话，太宗也没有多说，只说了一句，"朕知道了"！

……

不久，吕端就官复原职，并升任参知政事，相当于朝廷的副宰相。

3

后来，太宗皇帝打算任命吕端担任宰相。

有人向太宗打小报告：吕端这个人出身行伍，对国家治理并不擅长，而且做事糊涂。

太宗也不理会，只评价说："吕端小事糊涂，大事不糊涂。"

随后，宋太宗任命吕端为相，排位在寇准之前，成了大宋朝廷名副其实的一把手！

大宋的接班人问题

1

那一年，开国太祖赵匡胤坐在龙椅上怎么也兴奋不起来。唐亡后，五十年里，中原经历了五个朝代。

虽然太祖"器宇豁如"，一般小事不放在心上，可是，闲着无聊的时候，他经常也会想想这其中的原因！毕竟，这关系着国家的长治久安，关系着赵宋帝业的继承和发扬光大。搞不懂这里面的原因，赵匡胤心里总是没底——这到手的荣华富贵，说不定哪天就变成人家的了！

后来，赵匡胤终于从几十年的斗争经验里总结出来一个道理——接班人问题，是王朝存续的核心问题。

也就是说，唐亡后的梁、唐、晋、汉、周，包括唐朝末年，这些皇帝都没有好好培养自己的接班人，才导致后来的中原混战。

这也难怪，那个时候大家都忙着打架、砍人、抢东西。偶尔有个把厉害角色会把这些人统一起来，弄点理论说教，做点君君臣臣、父父子子那套官面文章，但也都是暂时的。谁还有心思培养新人？

事情想明白了，赵匡胤也就对症下药——"培养大宋官家接班人"成了大宋的基本国策。

为了好好地贯彻执行这一国策，赵匡胤以身作则。自己当皇帝的时候，没有对自己的儿子进行任何分封；而是把亲弟弟赵光义封为晋王、开封府尹，执掌首都治安、军队、行政事务。

通过一段时间的锻炼，赵光义很快从一个单纯的青年成长为一名圆滑、钻营的油腻政客。

2

赵匡胤死后，赵光义顺利登基。

赵炅（赵光义当皇帝后改名赵炅）当了皇帝后，一开始也打算继续遵循国策。于是，他册封弟弟赵廷美为王，接替自己当了开封府尹。

赵炅不说，但明眼人都能看出来，赵廷美要是干好了就可能是"宋三世"了。可是，没过多久，赵炅想到了当年女皇武则天的局面——"未尝闻帝立姑灵位于太庙"。

立弟弟当皇帝，你死了，以后谁祭奠你啊？

于是，赵炅决定还是让自己的儿子当皇帝比较靠谱。不久后，多次被贬、幽禁中的弟弟赵廷美吐血而死。

太宗赵炅一面整赵廷美及其身边的臣僚，一面提拔自己最钟爱的儿子赵元佐。他晋封赵元佐为卫王，中书省办公，居东宫。

东宫历来就是太子居住的地方，这下赵炅的意思很明白了——谁说要传位给赵廷美的？赵元佐才是他指定的法定继承人，名副其实的"宋三世"。

可事情的发展似乎并不那么顺利。赵元佐和叔叔赵廷美的关系很好，而且赵元佐"幼聪警"。

别人都不敢给官家提意见，我提；别人都不敢为叔叔赵廷美求情，我求。这下就犯了太宗的大忌——朕好不容易帮你把皇位的第一顺位继承人给整下去，你就出来提意见，也忒没有眼力见儿了！太宗就对赵元佐一顿训斥。

不久，赵元佐就疯了。

再后来，赵元佐重阳夜火烧东宫，被废为庶人，贬居均州。

3

赵元佐被整下去后，次子赵元僖改名为赵元佑，封许王，加开封府尹，兼中书令——大有新一代接班人的意思。

赵元佑这个人"姿貌雄毅，沉静寡言"，在任上干得也不错，"政事无失"，最起码没有被人构陷的地方。

可赵元佑唯独有一点不好——好女色，尤其宠爱一个姓张的小妾。

既然是小妾，而且得宠，肯定就想上位。况且这个小妾"颇专恣"，行为专横跋扈。

为了早一天上位成功，有一天，小妾就在赵元佑的大老婆的早餐中下了毒。不承想，那天赵元佑急着上朝，拿起大老婆的早饭就吃了。

上朝不久就感觉身体不适的赵元佑急忙赶回家中，"少顷遂薨"，死了。

太宗赵炅辛苦培养的两个接班人，一个疯了，一个死了。心灰意冷的他很长时间里都没有再立太子，也禁止臣属上疏说这件事情。

后来，年迈的太宗也想开了，什么培养接班人，什么继承帝位，在死亡面前都不值一提。谁能活过他，谁就有资格当皇帝。

直到公元 995 年，太宗三子赵元侃才被册立为太子，改名赵恒。

立新帝这么大的事，怎能犯糊涂？

1

公元 997 年，即宋太宗至道三年。

深夜，禁军衙门大院内正在上演一场大戏。

现在禁军的一把手叫李继勋。想当年，太祖赵匡胤上台，就是靠了这些禁军军头们的一时激动，扯了块黄布给裹在身上。赵匡胤登基之后，当年和他一起喝酒，一起"意豁如"的军头们大都被解除了兵权。从那之后，军中的将领就很少任用军功卓著的人。

宋人重名的比较多，这个李继勋并不是当年太祖朝军功卓著的那位李继勋，他在军队中的威望并不高。

不过，毕竟是首都汴梁主抓治安、警卫工作的一把手，身份地位在那摆着呢，所以排场还是有的。比如今晚，各辖区的大小官员都来了，大家集中在大院内，一时有点水泄不通。院子外面是一溜的警卫，门被把住了——没有李继勋的命令，谁也别想走。

气氛很紧张。

大家都是军人出身，警觉性本来就强，所以都能猜个八九不离十——京城今晚要出大事！

此时的李继勋并没有在院子里，而是在衙门旁边的指挥所里，和他一起的还有副宰相李昌龄、宋太宗秘书（知制诰）胡旦。

这时候，指挥所的大门被一把推开，一个尖锐的声音传来：

皇帝崩了……

2

推门而入的人，名叫王继恩，宋太宗的心腹大太监。

想当年，太祖赵匡胤驾崩，开宝皇后命令王继恩去传皇子赵德昭进宫即皇帝位。结果，王继恩没有去找赵德昭，而是半路转向了晋王府，把晋王赵光义带进宫中即位，也就是宋太宗。

宋太宗上台后，也没有亏待王继恩：先让他当了河北刺史，随后加封两川招安史，后来更是给了个宣政史的职位……

现在，太宗死了，尝到拥立甜头的王继恩打算故伎重施——说服皇后一起拥立有精神病的长子赵元佐，废掉太子赵恒。

所以，今晚，他把李继勋和胡旦约到了这里。

"皇帝崩了，我们赶紧迎立太子吧！"胡旦继续装傻充愣道。

"迎立太子？咱们几个本来就与太子不和，到时候新帝即位，第一个要杀的就是咱们。"李继勋白了一眼胡旦，毕竟是武将，说话直来直去。

副宰相李昌龄也点头称是。

王继恩这才拿出一道谕旨交给他们，道："老奴已经和李皇后商量好了，废掉旧太子，迎立被幽禁的赵元佐即位。"

"好主意！元佐身为长子，本应立为太子的。"李继勋第一个表态支持。

其他几个也点头同意——赵元佐自那年得了疯症一直没有痊愈，被太宗废掉太子位，幽禁在外。拥立他当了皇帝，这大宋的江山就掌握在了我们手里。

不过，副宰相同时也提出了一个问题：我们几个人在朝中、军中的资历毕竟太浅，如果能得到宰相吕端的支持，一切就都好办了！

3

吕端，太宗时期的著名宰相，为人"善谈谑，意豁如也"。简单说就是，吕端好说话，是个老好人，所以，他在朝中的口碑很好。

虽然身为文官之首的宰相，但吕端其实一开始是以禁军侍卫的身份步入政界的。而且，为人处世"意豁如"，一般事不放在心上。所以，在大家的印象里，吕端有些糊涂。

李昌龄说要拉拢吕端，大家都很同意。

王继恩认为也很有道理，毕竟眼前的这几位无论在资历还是在声望上都差了太多，如果吕端能加入进来，那这事就能定下来了。

王继恩想了想，现在时间还早，而且，吕端就在皇宫内阁中，离得也近，赶过去跟他说一声也来得及。如果他同意，最好；不同意，一个文人也阻止不了什么。

想好了，王继恩给李继勋交代说："我现在就去内阁找吕丞相，争取说服他和咱们一起干。你们在此等待，我不回来，千万不要轻举妄动。"

李继勋他们点头同意……

4

虽然已经是深夜，吕端并没有睡觉。自从太宗生病以来，这天下的大事一下子都压在了他和太子的肩上。

工作强度大，天天加班，这都好说。吕端最怕的就是有人又来打皇位的主意，所以，最近他不敢回家。不仅自己不回家，他还要太子赵恒一定要住在宫里，日日觐见。

今夜，皇城内的禁军突然换了新的面孔，而事先并没有人通知他这个丞相，出身军队的吕端不得不多想了一些——该来的还是来了！

正想着，他听到身后有人推门进来了，回头一看，愣了一下急忙问道："宣政史王继恩大人，您怎么深夜来了？"

来人正是王继恩。

他一看到吕端，扑通一声跪在地上，声泪俱下道："吕丞相啊，皇帝宾天了！"吕端一听连忙扶起王继恩，道："皇帝新逝，新帝未立，朝局不稳，现在恐怕不是哭的时候！"

王继恩这才抹掉眼角的泪，站起来道："这正是我深夜来找吕丞相的目的。刚才皇后与老奴计议，皇长子赵元佐才能突出，打算立其为帝。不知丞相意下如何？"

吕端看了看外面戒备森严的禁军，立即明白了。

他没有直接回答王继恩的问题，而是一把抓住王继恩的胳膊，把他拉进屋子："宣政史大人稍坐，我换个衣服就来。"

说着，吕端一把将王继恩按在了座位上。

没等王继恩反应过来，吕端已经转身出了房门，只听咔嚓一声，门被上了锁……

5

吕端把王继恩锁在内阁后，一面命人严密看管，一面派人通知太子赵恒即刻入宫，他自己则直奔内廷而来。

此时的皇后正在焦急地等待王继恩，看到吕端来了，慌道："皇帝宾天了。按照传统，我们应该立长子为帝，吕爱卿有什么要说的吗？"

吕端不急不忙，跪下磕头道："传统？我们大宋朝一共才俩皇帝，哪有什么传统？先帝立太子就是为了今日之事，谁敢违背皇命就是抗旨……"

经吕端这么一说，皇后心里有点发虚了，都说你吕端好说话，今天这是怎么了，居然敢公然忤逆。

还未及细想，太子赵恒就带着文武百官匆忙赶到了。

检视太宗的遗体之后，赵恒于灵前即位，也就是大宋的第三个皇帝——宋真宗！

卷三

宋真宗赵恒

丁谓：是酒场，也是考场

1

作为京城，最不缺的就是酒局。宋人风流，这夜生活自然丰富！

看那汴河两岸数不清的小酒馆、大酒楼，就足见一斑。虽然对后世影响深远的各色酒会已经成型，但当时的酒局也还是以"酒"为主，"局"反而是其次！

不过，今晚这场局有点儿不同。

因为，今天这局的组织者不是别人，而是当今皇帝——宋真宗赵恒。

历史上爱喝酒的皇帝不算少，比如那位流氓出身、"好酒及色"的汉高祖刘邦。刘邦不仅爱喝酒，而且喝多了还拿着剑乱砍，好几次把宫殿里的柱子都砍花了，酒醒后还怨人家柱子质量不好。

即使如此，刘邦也就被太史公称个"好酒"，连"善饮"都没评上。人家赵恒就不一样了。史载，真宗赵恒"饮量无敌，近臣无拟者"。就这一句，就把那位刘老三不知甩出了几条街。

什么"好酒"，什么"善饮"，在赵恒这里都不够看，这位皇帝身边就没有能喝得过他的。

2

赵恒端着酒杯，眯着眼看着脚底下的群臣，边看边思忖着。

他如果不说话，下边的人就不敢吱声，这酒自然无趣，也显得自己没有"与民同乐"。

作为大宋王朝的掌舵人，喝酒的气氛这种小事情还是能照顾到的。

于是，赵恒放下酒杯，一脸平和地问道："爱卿们，今天这酒怎么样啊？"

官家请吃饭、喝酒，现在他问你酒怎么样，稍有智商的人都知道怎么回答。于是，下边自然一片赞和之声。这酒好啊，好喝不上头！

赵恒淡笑，继续道："这是宫里的御酒，味道自然好了。各位可知道外边哪家酒楼的酒最好啊？"

官家这么问，下边的人就不好回答了。

说今天这酒最好吧，有奉承之嫌，为清流们所不齿；说有比你的酒好的吧，官家一不高兴，自己的饭碗就砸了。

所以，这事儿两头不讨好。

结果就是，大家装作一副无辜样：官家啊，平时我们都忙于公务，严格遵守自秦汉以来"宴不过三"的聚会规定，哪有时间去喝闲酒啊，更不知道哪家酒好。

3

听完这些官员的话，赵恒的嘴角上掠过一丝不快。这帮官油子，在自己的面前还耍滑头。

赵恒只好端了杯茶，强咽下去。

正尴尬间，一个声音响起："臣丁谓回陛下，汴河边上有家名为'南仁和'的酒楼，里面的酒可与今天的御酒比肩。"

丁谓，"天才也，书过目辄不忘"，被时人誉为"今之巨儒"。当然，后来他还有另外一个更出名的头衔——奸臣。

不过此时，他还是一个小吏，能参加皇帝的酒局已属不易。赵恒放下酒杯，盯着年轻的丁谓道："那酒多少钱一升啊？"丁谓跪地，道："回陛下，每升二十钱。"

赵恒满意地点了点头，继续道："众位爱卿，你们可知道唐朝时一升酒多少钱吗？"

赵恒的话一出，下边的人又是一片鸦雀无声：

这大唐离现在都近百年了，史学家们写皇帝、写皇亲、写大臣，写那些世家、本纪什么的，有时候兴头起来也给平头百姓、侠盗刺客做个列传，可从来没写过酒啊——这酒价多少，谁知道！

如果说刚才的问题是装不知道，那现在的问题是真的不知道了！

正在大家继续尴尬之时，还是丁谓站了出来："回陛下，唐朝时酒价是每升三十钱。"

赵恒放下酒杯，一脸疑惑道："丁卿如何知道？"

说实话，赵恒也不知道答案，他只不过是想刁难一下眼前的这些学究们——你们不是整天自诩学富五车、才高八斗吗？非得找个问题难为一下你们不可。

可令他没想到的是，现在居然还真有人能回答这个问题。

听到赵恒的问话，丁谓拜道："前朝'诗圣'杜甫有诗言'速宜相就饮一斗，恰有三百青铜钱'。一斗为十升，所以臣推测唐朝每升酒三十钱。"

丁谓话声未落，满堂即响起热烈的掌声。

赵恒手扶须髯，道："杜甫诗，自可为一代之史啊！"他把手里的酒一饮而尽，朗声道："丁卿，果然人才！"

不久，丁谓就被提拔为工部员外郎。后来，他更是加参知政事（副宰相）、晋国公，一跃成为大宋朝廷最炙手可热的人物。

李仲容：酒不能多喝，话不能乱说

1

真宗好酒，"饮量无敌"。

官家喜欢喝酒，下边的人自然要跟上。所以，一时"尚酒"成了大宋之风。宋人就这点好，时刻效仿官家！

真宗也是凡人，这酒喝多了，话自然就说开了："你们不行啊，喝点就趴下！"

《湘山野录》里说他"近臣无拟者"。其实，他不知道的是，不是近臣"无拟"，是人家不愿"拟"。

跟官家比什么比。你赢了，饭碗丢了；输了，脸丢了。所以，官家爱吹就让他吹去吧！

你看人家那位青年才俊、耿直小伙儿寇准，号称"帝国巨饮之王"。有一次，要不是下属的家人报官，能把下属喝死在任所。

可是，每次真宗喝多了吹自己"饮量无敌"时，寇准都只是笑笑，从不辩解，最多就是打个哈哈，官家您说无敌就无敌！

当然，这牛吹多了，真宗心里也有点虚，非得找人比试一下，不然再吹也没资本了。

所以，今晚真宗组了这个局！

2

官家请吃饭，下边能喝的不能喝的都来了。在这些人里面，真宗赵恒特意点了一个人——侍读李仲容。

这个李仲容虽然是个侍读，但是学识、能力方面离当时的寇准、丁谓、陈尧叟他们相差太远，所以，在这人才济济的大宋政圈他并无多少地位。不过，李仲容也有自己的优势。

因为他"魁梧善饮"，而且他还有个外号叫"李万回"！

"回"就是"酒碗"。就凭这个"李万回"的名号，满朝文武在酒桌上都得躲着他。

这就让真宗有些不爽。自己"饮量无敌"是自己的身边人捧出来的，可"李万回"这外号是人家送的。

谁更能喝？似乎不言自明。

所以，真宗决定今晚和这个"李万回"比试一下。

3

高手过招，话从来不用多说。

几杯酒下肚，真宗赵恒把龙袍的袖子一挥，冲着下边的太监招呼道："都说李侍读号称'万回'，去把太祖爷当年留下的大酒杯拿来，给李侍读换上！"

小太监赶紧把早就准备好的大杯端来。李仲容也不说话，抬手举杯，一饮而尽。喝完，李仲容弯腰谢恩。

真宗的豪气上来了，也不推辞，举杯与群臣干了。如此再三。

反复几次，真宗有些招架不住，再这么喝非趴下不可！

正在这时，李仲容站了起来，道："官家，不行了，不行了，臣喝不了了。请给我换小酒杯吧！"

很明显，李仲容发现了，再这么斗下去，官家要出洋相。

真宗也不傻，下边的人的这些套路他早就清楚——这是在给自己台阶下啊。于是，他也见好就收，换了小杯。

赵恒这台阶虽然下了，可心里总也过不去——不能让李仲容就这么算了，居然比我还能喝，今天得好好治治他。

于是，真宗继续面无表情道："李侍读，为什么刚才称呼天子为'官家'，而不是'皇帝'啊？"

说实话，赵恒这么问就有点不讲理了。从唐亡后，五代十国以来，老百姓们都称皇帝为"官家"，这既不越礼也不逾制，并没什么不妥。

不过，这个问题看似简单，回答不好可能要掉脑袋，别忘了当年皇帝的名字都是忌讳，是不能说的，何况现在——皇帝的称呼你都可能搞错！

听赵恒这么一问，满朝正举杯的大臣们都不敢说话了。"官家"这个词大家都是这么叫的，以前也没见太祖太宗们提过意见啊，看来今天李仲容要倒霉了。没想到，李仲容把酒杯轻轻地放下，从容奏道："回陛下，臣当年读蒋济的《万机论》时，里面有句话'三皇官天下，五帝家宇内'。现在皇上您德盖三皇、功高五帝，所以，臣称您为'官家'也不算逢迎拍马吧？"真宗听完，哈哈大笑，一扫前霾，一高兴又喝了几杯。

赵恒：跑不过你，难道还打不过你？

1

公元 1004 年，宋真宗景德元年。

首都开封的皇宫里正在召开一场规模空前的军事会议。

宋朝尚文，开国之初太祖皇帝就立下了"重文抑武"的基本国策。所以，一直以来，一般的军事讨论、战略部署都是文臣们在御前讨论的，只有那些打打杀杀的事情才让军头们出面。

不过，今天有些不同，事情有点儿大——据边境传来的消息，辽国太后、皇帝率二十万契丹主力进攻大宋，大有吞并中原的气势，遂、云、祈、冀、贝等大宋北部重镇纷纷陷落。不到一月，辽三路大军汇合于澶州城下，距首都开封只在咫尺。

澶州城（今河南濮阳）横跨黄河两岸，分南北二城，易守难攻，是首都开封的最后一道屏障。

现在契丹人已经打到跟前了，本来还在天天喝酒畅饮的大宋群臣们一下子慌了。

宋辽两国这架是天天打，可两家形成了默契，一般都是你咬我一口、我回你一嘴，不伤筋不动骨。那些宣传口号，早就成了凝聚本国人心，甩锅本国经济无能的借口。论起愚民，契丹和大宋谁都不比谁差多少！

没想到今天契丹人动真格的了。

宋廷尚文，这朝堂上本就文人居多。文人清谈，和平时期，大家一起粉饰一下帝国恢宏可以，可一旦遇到打架这种事情，这群文人们就没了底气。

首先是那个状元出身的陈尧叟战战兢兢地走出班列，向皇帝奏曰："现在契丹人兵锋正盛，已逼近都城，微臣以为陛下应'南狩'西川，以避敌锋。"

陈尧叟这个人比较强势，工作能力强，军事数据都记在大脑里，而且，文状元出身的陈尧叟在军队混迹多年，对大宋的军事能力了如指掌。所以，他说要皇帝"南狩"，一下子就得到了大多数人的赞同。

狩就是打猎的意思。

其实，大家都明白，什么"南狩"？说白了，就是往南逃跑！

这就是文化人的好处——既高深又有内涵，关键时刻还能装门面。例如，后来徽钦二宗被金人掳走，史书上也不说"掳"，而说是"北狩"，到北方打猎去了！

"南狩"就"南狩"吧！于是，大臣们一致回道："对对对，副宰相说得对。陛下，咱们'南狩'吧！"

真宗赵恒捋着胡子不敢决定。说实话，赵恒自己也想跑，可还没见到敌人，自己就先跑了，到哪里说，这个面子都不好捞回来。

就在这时候，只见又一个大臣站了出来，道："副宰相说得有道理，可是西川路途遥远，陛下不如迁都金陵。金陵地形险要，即使辽人打来，也定不能攻克。"说话的人叫王钦若，史书评其为人"奸邪险伪"。

因为王钦若自己是金陵人，所以故意劝说皇帝迁都金陵。

赵恒正犹豫呢，突然发现台下少了一个人，赶紧问道："今日军情重大，怎么不见寇丞相呢？"

2

赵恒所说的寇丞相就是当时大宋政坛的第一人——寇准。

寇准"少年富贵，性豪侈，喜剧饮"。不用翻译也都明白，人家寇准是标准的"富二代"，性格豪爽刚直，还喜欢喝大酒。

想当年，寇准只有十八岁就高中进士，三十二岁就当了枢密副使，相当于大宋军队的二把手，是太宗朝炙手可热的人物。

真宗赵恒登基后，年轻的寇准很快被任命为宰相。

现在军情紧急，契丹人已经快打到京城了，皇帝的御前会议居然没有寇准的影子，这让本来就懦弱的赵恒感觉心里更没底了。

"寇准在哪里？"赵恒再次问道。

台下的大臣你看看我，我看看你，大家面面相觑。

过了好一会儿，诗人杨亿才站了出来，低声道："寇丞相正在家里喝酒呢！"

"胡虏都打到家门口了，他还有心思喝酒，快把寇准叫来！"

赵恒有点儿生气，大声向身边的太监呵斥道。

3

很快，一身酒气的寇准就被召至御前。

"寇爱卿，敌人都打到家门口了，您知不知道啊？"寇准被称为"天下第一才子"，赵恒在他面前多少有点心虚，只能强压怒火问道。

没想到，寇准不慌不忙，趋至圣前，作揖，下跪，叩首，一套面君礼完完整整地做完。

礼毕，寇准才悠悠说道："胡虏挟盛而来，围攻澶州，京城无人不知，微臣当然也听说了。"

看寇准冷静沉着的态度，赵恒心里立即有了底——看来寇准心里早就有了破敌之策，不然他怎么一点儿也不紧张！

于是，赵恒稍作沉静，道："那您既然知道，为何不参加御前会议？刚才已经有人劝朕'南狩'，迁都金陵了。"

听到此处，寇准才佯装大怒，厉声道："是什么人胆敢劝皇上迁都？皇上一定要斩了此人。"

　　当然，寇准的理由也很充分：现在各地勤王的宋军已经赶往澶州，如果皇帝现在跑了，这些军队肯定无心恋战也跟着逃跑，那大宋就玩完了。军队没有了，你往哪里跑？再说，论跑你能跑得过契丹人的战马吗？

　　真宗一听这话，猛拍大腿：对啊！就凭朕的腿哪能跑得过契丹人的马蹄子，陈尧叟、王钦若真的不行，这不是害朕嘛！

　　于是，赵恒赶紧问道："以寇爱卿之见，接下来我们该怎么办？"寇准这才朗声道："若陛下依臣之策，只需五日即可退敌！"

　　"何策？"赵恒问。

　　"御驾亲征！"

　　赵恒沉思了一会儿，猛然站起身，大声道："横竖跑不了，亲征就亲征，给朕备马！"

　　公元 1004 年，辽宋战于澶渊。

　　真宗赵恒御驾亲征，破虏于城下，辽主帅阵亡。双方签订和平协议，史称"澶渊之盟"！

高琼：我也当一回文化人

那年，宋辽澶渊之战。

辽国人一路高奏凯歌，一直打到了距离大宋首都开封不足百里的澶州城下。眼看大宋要亡国，寇准力荐皇帝宋真宗赵恒御驾亲征，居然一时扭转了大宋的颓势，辽国人围攻澶州数月，久攻不下。

寇准毕竟是一介书生，在军中也没有什么威望，打架砍人这种事情还得靠那些军头们。

当时，寇准在军中的最主要支持者名叫高琼。

"琼少勇鸷无赖"，高琼年轻的时候就是个打架勇敢的无赖。只不过，后来高琼跟着太宗赵炅立了功，被封为殿前都指挥使，也算是前朝旧臣了。此次出征他作为皇帝的贴身警卫，负责皇帝及诸臣的安全保卫工作。

当时，黄河穿澶州城而过，澶州就分成了南城、北城两部分。

辽国人在黄河北岸围攻澶州北城，宋真宗赵恒的銮驾安置在了澶州南城。寇准就跟高琼商量，将士们在北城与契丹人拼命，皇帝躲在南城，这不行啊！得想办法让皇帝去北城慰劳慰劳大家，鼓舞鼓舞士气。

没想到，高琼一拍胸脯，道："寇丞相，您就放心吧，这事包在我身上。"

寇准一看得到了高琼的支持，很高兴，又交代了几句，才匆匆离开。于是，高琼去找真宗："固请幸河北。"

意思是说，高琼一遍一遍地请求真宗去河北，不去不行。

当时，宋辽澶渊之战，双方投入兵力高达五十万人。一方攻城，一方守城。澶州城外天天杀声震天，血流成河。

真宗毕竟是在皇宫里长大的，哪里见过这种打打杀杀的场面，一时不敢决定。高琼见皇帝犹豫，急道："陛下不去北城，北城的百姓就像死了爹妈，谁还有力气去守城！"

高琼毕竟是军头，文化课不好，这个比喻用得多少有点儿牵强。不过没关系，这不影响高琼表达的意思。

皇帝不愿去，你非得让他去。这就有失人臣本分了。所以，旁边的大学士冯拯看不下去，斥责高琼道："高琼，你怎么敢对官家如此无礼？"

根据宋朝制度，"文人授节钺"。意思是，带兵打仗文人说了算，武将只配冲锋陷阵。虽然高琼官大，但要放在平时，冯拯要是这么一说，高琼肯定不敢再说话了。

不过这一次，高琼并不为之所动。他冷哼一声，一脸鄙夷地看着冯拯道："冯大人会写文章了不起了？现在契丹人打到门口了，您怎么不写首诗把契丹人咏退呢？"

原话说的是，"君何不赋一诗咏退虏骑邪"？这话就很直接了。冯拯你就只是一个文人，现在战场上的事你根本不懂，要么闭嘴，要么你自己上。

宋廷尚文，平时晋升封赏都是那些文人的，这多少令军头们有些不满。这次高琼也是耍了个心眼——提醒下皇帝，打仗还得靠我们，毛锥子能赶走侵略者？

话都说到这份上了，真宗赵恒也不好再坚持，只好在高琼的护卫下勉强渡过黄河，来到北城。

受到皇帝驾幸的鼓舞，澶州北城的宋军气势顿增，竟然打退了契丹人……事后，真宗赵恒把高琼叫到自己跟前，看着跪在台下的高琼，低沉道："高爱卿，那天是谁鼓动你来拉朕去北城的？"

高琼一看，这是要秋后算账啊，连忙回道："真是下官一个人的主意，跟其他人都没关系，官家别多想！"

赵恒微微一乐，心想：你还挺义气，"何不赋一诗咏退虏骑"这么有水平的话岂是你个大老粗能想出来的？要不是看在你抗辽有功的份上，朕非得治治你。

赵恒故意满脸不高兴，诫曰："卿本武臣，勿强学儒士作经书语也！"

意思很明白，你就是个军头，装什么文化人？这次饶了你，以后别再耍心眼了……

王钦若：没有天书，就自己造个天书

1

话说那年宋辽"澶渊之盟"后，真宗赵恒高兴，就命人操办了一场盛大的宴会。

真宗眯着眼，看着台下的这群大臣们，又有点"豁如"了。想当年，契丹人多牛，号称"第一帝国"的唐朝跟他们打了一辈子仗也没占到半点儿便宜。五代十国，多少英雄豪杰都想跟契丹人过过招，最后怎样？不是自己被打跑了，就是被契丹人灭了。远的不说了，就连这大宋的太祖、太宗两个号称"英明神武"的皇帝，都在契丹人那里吃尽了苦头⋯⋯

现在怎么样？不可一世的辽国人被朕打败了，而且还是朕御驾亲征的结果。那些大英雄、大豪杰们没做成的事情，我赵恒做到了！

一想到这里，真宗就暗自高兴，自己有可能会因此成为青史留名、名垂千古的帝王！

当然，赵恒也没忘记，这场战争胜利的取得，都是人家寇准的功劳。要不是寇准力主御驾亲征，要不是寇准澶州城英勇退敌，说不定现在大宋就只有半壁江山了！

正想着呢，真宗回头一看，副宰相王钦若正一脸戚容，在自斟自饮⋯⋯

2

王钦若，史书称其"奸邪险伪"，但"智数过人，每朝廷有所兴造，委曲迁就，以中帝意"。

意思就是说，王钦若是个奸臣，很会拍马屁，皇帝很喜欢他。即使有人告发检举王钦若，"帝亦不之罪"。

看王钦若不高兴，赵恒回过头道："王爱卿，为何不悦？"王钦若没有直接回答，而是回道："陛下近日可读《春秋》？"

"王爱卿，什么意思？"

"《左氏春秋》上有'城下乞盟'的典故，不知陛下知不知道？"

"朕当然知道。"

看皇帝已经落入自己的圈套，王钦若才继续道："那澶州之战，陛下以天子之尊，与戎狄城下乞盟，难道不应以为耻吗？"

"这个……"

说实话，这点真宗是真的没有想到。

他以为自己打败了辽国，逼着辽国和大宋签了盟约，大宋边境从此安宁，自己应该是千古一帝才对。这不是一项千秋功业吗？想当年，突厥颉利可汗大兵压境都打到长安灞桥外了，唐太宗出兵防御，与突厥人在灞桥杀白马为盟，成就一段历史佳话。

难道自己还不如李世民吗？

李世民那是被迫签订的协议，而他是御驾亲征打赢的。没想到下边的人并不这么认为。

说实话，真宗赵恒也是一代明君，但是就这点不好——没主见！

经王钦若这么一挑唆，他有点儿挂不住了，于是问道："爱卿认为应该怎么办才能恢复朕的声望？"

王钦若应道："最好的办法当然就是打过去，和辽国真刀真枪地再干一仗！"

听完王钦若的建议，赵恒吓得手里的酒杯都掉在了地上，忙摆手道："王爱卿此言差矣，那辽国实力不逊于我大宋，别说打赢他们，就是和他们打成平局都难。再说，辽宋刚刚签订了盟约，边境百姓才安定下来，再挑起战事，朕于心何忍？王爱卿，你看还有没有其他的办法？"

王钦若一看目的达到了，这才跪在地上，不紧不慢地说道："陛下要想成为千古帝王，抵消澶渊乞盟的影响，只需要'东封西祀'即可。"

东封西祀，是指封禅东岳泰山、祭祀西岳华山。

这是古代封建王朝祭天祭地的最高仪式，历史上只有秦始皇、汉武帝、唐玄宗这些盛世帝王有资格封禅泰山。

王钦若这时候让好大喜功的真宗赵恒去封禅，自然讨得了真宗的欢心！

闻听要让自己去封禅，赵恒高兴地连忙点头，道："可以可以，就这么干了，那就有劳王爱卿立即准备相关事宜！"

3

不过，"封禅"这种事情实在太大，不是皇帝想去就能去的。

例如，当年的千古一帝唐太宗李世民也动过封禅的想法，都被下边的人否决了。现在大宋连老祖宗们的江山都没收拾利索，燕云十六州还在辽国人手里，自己提封禅，岂不是自找没趣。再说了，即使其他人都同意，有那个刚直的宰相寇准在，这种耗资巨大却没有任何实际意义的礼仪活动，他也不会同意。

没想到，自己的难处一提出来，王钦若就呵呵地笑了："寇准好办，您是皇帝，您让他当宰相，他就是宰相；您不让他当，他就什么也不是。"

"爱卿这话的意思是，让我把寇准撤了？"

"如果皇上不忍心，也可以把他外放嘛！不过，封禅这种大事，简单地靠我们几个人的嘴巴来讲还不行。"

"既然你们说不行，那让谁提出来？"真宗慌忙问道。

"让上天来提！"

"天又不会说话，如何让上天提出来？"真宗继续不解地问。

王钦若这才摇头晃脑道："当然是要让上天降一些'祥瑞'到人间！"

听了王钦若的建议，真宗若有所思地点了点头。

真宗和副宰相王钦若一拍即合。不久，寇准即遭贬谪，离开京城。

次年，正月初三，皇宫城门楼顶突然悬挂数丈黄绫，上书：陛下圣明，威加宇内，当封禅泰山。

真宗对全天下百姓说这是"天书"。为此，他还精心编造了一个故事，说自己半夜看到一位神人，神人告诉他正月初三会有天书现世……

于是，封禅这事就这么成了。

"澶渊之战"：到底是谁还在为国尽忠？

1

公元 1018 年，宋真宗天禧二年。

这几日，真宗赵恒有些不爽——自己器重的两个宰相丁谓和李迪不和，在朝堂之上居然吵起来了。这还不算，李迪因为丁谓陷害寇准，居然出手打了丁谓。

两个宰相的矛盾已经公开化，朝中的大臣肯定要站下队。

于是，有人站在丁谓这边说李迪这个人不行，堂堂宰辅，竟然出手打人，得好好治治他，不然皇帝您的天子威仪往哪儿放？

当然，也有人站在李迪的立场骂丁谓奸狡邪伪、陷害忠良，怎么也得削了他的官，充军发配……

一时间，大宋的朝堂成了这群官员的战场。

因为这场嘴仗打得太激烈，所以波及面很大。当时掌管大宋军队的枢密使叫曹利用。他与丁谓关系不错，李迪就到皇帝那里告状，说他与丁谓是朋党。

军队统领与内阁辅臣是朋党，这还了得！

事情闹到这个份上，皇帝只好亲自出面——把曹利用叫来讯问。

没想到，曹利用跪在御前，不卑不亢，神情坦然道："如果论在御前清谈，臣不如李迪；但是，若论深入虎穴、为国舍命，李迪赶不上臣。"

曹利用的原话是"以片文遇主，臣不如迪；捐躯以入不测之虏，迪不逮臣也"。言外之意就是，皇上啊，您可别忘了，当年国难之时，是谁在舍命为国尽忠……

可以看出来，曹利用对皇帝不信任自己是很不满的。

不过，皇帝赵恒也没生气，不久还下旨免了李迪的相位，结束了这场朋党之争。

曹利用这里说的"捐躯以入不测之虏"，指的就是十四年前宋、辽历史上最大的那场战争——澶渊之战！

2

十四年前，即宋真宗景德元年（公元 1004 年），辽国实际掌权者萧太后领二十万辽国铁骑大举南侵。

不到一月，遂、云、祈、冀、贝等大宋北部重镇纷纷陷落，契丹人三路大军汇合于澶州城下，离首都开封已不足百里。

眼看大宋亡国在即，当时的宰相寇准力主皇帝御驾亲征。最后，两军对垒于澶州城下。

深受皇帝亲征鼓舞的宋军，在寇准的带领下，以一当十，很快扭转了战场上的被动局面，而且还暗箭射死了当时的辽国主帅萧达凛。

主帅横死、战线太长、补给困难，陷入被动的辽国不得不向大宋提出了议和请求。

所谓议和，其实很简单，就是要钱。

你大宋朝不是自诩"天朝上国"吗？你们国家的那些文人们不是整天浅吟低唱吗？

既然你有钱，就得分给我。这是流氓国家的惯用伎俩。

要么给钱，我们退兵；要么继续打。今年打不赢，我们明年还来，恶心死你！

知道辽人其实就是为了要钱，赵恒很高兴——本来真宗就不想打，要不是寇准逼着自己御驾亲征，说不定自己早和陈尧叟、王钦若他们去"南狩"了！

于是，真宗赵恒第一时间让枢密院推荐议和的人选。

宋朝重文，不管朝堂上还是军队里都是文人居多，这两军对垒、真刀真枪互砍的场面他们哪儿见过。所以，枢密院推荐来推荐去，只有一个人敢去。

这个人就是曹利用。

曹利用"少喜谈辩，有志操"。意思是说，他年轻的时候就很有理想，喜欢辩论。

不过，现在的曹利用还是一个芝麻大的小官，官位小到连正儿八经的职衔都没有。

让这么个小年轻去和虎狼契丹谈判，怎么能让人放心？帝曰："此重事也，毋轻用人。"

当枢密院的折子上来的时候，真宗不假思索地给否决了。

没想到，第二天，枢密院大当家王继英送来的推荐名单上依旧还是一个人——"曹利用"！

这下皇帝不能再否决了，否则就该有人说自己不注意倾听他人的意见了。当官家就得这样，不能光自己想当然，还得照顾下边人的感受。

没办法，真宗只好把年轻的曹利用叫到御前，聊了半天，感觉这个小伙子还行，最起码比丁谓那几个文人强多了。于是，真宗赐曹利用阁门祗候（正八品），命他出使辽军。

现在的曹利用才真正成为一个有职衔的谈判代表，虽然官职也不大。

3

曹利用到了契丹人军中，递节杖，交国书，一应手续都办完了，接下来就是国宴招待酒会。

一般的国与国之间的谈判都是从这种酒会上开打的，喝酒吃肉，哪样都不能比对方差。想当年鸿门汉楚谈判，汉将樊哙就是吃了块生肉，一下子就把项羽给镇住了。

既然如此，宋辽双方对这场酒会都格外重视。

据史书记载，"（萧太后）见利用车上，车辕设横板，布食器，召与饮食，其从臣重行坐"。

辽国太后在车辇上请曹利用吃饭，辽国大臣坐在两边，足见辽国对这次议和的重视。

既然是酒会，这酒肯定要喝，话肯定要说。

"我大辽二十万精锐此次南下，一路势如破竹，直逼开封。不知道南朝皇帝做何感想？"萧太后虽是女流，但谈判手段可谓纯熟。她认为曹利用一介文人肯定没有见过战场血腥，故以此打压曹利用的气势。而且，对宋朝的称呼也不庄重，南朝南朝，怎么听着都是偏安一隅的意思，藐视之意不言而喻。

没想到曹利用并不以为意，打嘴仗也要打到对方的痛点上。于是，他不慌不忙地把手里的肉吃完，咽了口酒，才悠悠道："太后所说只是表面，自古刀利则断，兵盛则危。澶州城下，辽军损兵折将，主帅阵亡，补给困难，而我国皇帝亲征，百万勤王大军陆续赶来，贵国还能撑多久？"

"这个……"

曹利用所说的都是事实，否则契丹人也不会议和，这就叫有理有据。

萧太后一时无言以对，只好继续道："我们先不管此战打下去孰胜孰败。曹大人既然是为议和而来，不知道南朝是否同意我们的条件？"

"不知道太后想要什么？"

"我大辽二十万精锐此次南下，无非想取回关南失地！"萧太后终于亮出了底牌。

"关南失地？"曹利用冷笑两声，继续道，"从我大宋建国以来，关南地区就隶属我大宋，什么时候成了你辽国的失地？"

"当年，后晋石敬瑭早就把关南地区和燕云十六州一并送给了我们大辽。后来，周朝的柴荣又抢了回去。所以，希望南朝能将关南归还我们。"

　　听完萧太后的介绍，曹利用哈哈大笑道："太后此言差矣。自古国无定界。至于晋朝曾把关南送给贵国，那晋朝姓赵吗？周朝抢了你们土地，周朝姓赵吗？既然两个朝代的皇帝都不姓赵，跟我大宋又有何关系？再说了，如果说失地，这燕云十六州的哪块土地不是中原的？我们大宋去找你们要了吗？"

　　……

　　就这样，契丹人上至太后、皇帝，下至文武百官，跟曹利用唇枪舌剑地谈判了好几天，最后也没辩赢。眼看着宋朝的大军逐渐向澶州靠拢，自己的粮草也跟不上了，辽国只好答应按照大宋的条件达成了协议——史称"澶渊之盟"。

　　曹利用由此也成了和辽国谈判的专家，回来就被提了官，"擢东上阁门使……契丹遣使来聘，遂命利用迎劳之"。

丁谓："溜须"不成反被骂

1

那年，大宋首都开封的一家豪华酒楼内正在举行一场盛宴。今天请客的是大宋朝廷的一把手、当朝宰相——寇准。

既然做东的不在乎钱，那宴会的级别肯定不能低。再说了，东家和宴请对象的身份都在这里放着呢。作为当朝宰相，执掌朝廷中枢，寇准今天宴请的基本上都是工、刑、兵各部的头脑。

宋人风流，寇准又"喜剧饮"，这酒自然不能少喝。

那时候讲究师门，寇准本就少年中第，又连续当了几届科举主考官，现在也是门生遍地，早就成了大宋文艺界、政界的风云人物。

今天这些门生大多都到了。

虽然学生众多，但在这些人里面他最看重的还是丁谓。

这个丁谓虽然只比自己小五岁，但已经坐上了副宰相的位置；虽不比自己三十二岁拜相的风光，在人才济济的大宋却也实属不易。丁谓为人"机敏智谋"，办事靠谱。

想当年，皇宫失火，丁谓负责重建。京城重地，寸土寸金，修建皇宫需要大量的土木，如果从京郊用人力运进来将耗资亿万。丁谓接手后，下令从京城街道上掘土成渠，再引汴水入河，通过水路将木石运入，建完皇宫的砖石瓦砾重新填入河道成街。

"一举三得"这个词就是这么来的。

2

老师请客，学生岂能不来。所以，今晚丁谓也来了。

野史云，丁谓行事"多希合上旨"。也就是说，丁谓很会拍马屁。想当年，真宗好大喜功，非要"封禅"。

像这种礼仪性质的活动吧，纯粹就是花钱：封山祭祀不得买东西？建房子修庙不得征劳役？这么大的活动，契丹、西夏、吐蕃这些"友邦们"不得派团参加？这些人的住宿、旅游、拜会，不都得用银子？

所以，对国家而言，封禅这种事情既没有任何经济利益，也无任何外交实际，更谈不上任何军事威慑力。

所以，满朝文武除了那个"佞臣"王钦若外，没几个人支持。

可是，人家丁谓不这么想。为了得到真宗赵恒的赏识，丁谓不惜制造假祥瑞，撺掇真宗赵恒东封西祀、大造宫殿，所以"天下目为奸邪"。

明明可以靠才华吃饭，却非得耍奸邪。对于这些，寇准岂能不知。前几年被外放多年，现在刚回京重掌相印，他一直想找个机会好好说说这个学生——毕竟是在自己手底下提拔上来的，不说也不行。

但寇准知道这事比较难办，毕竟人家现在也是堂堂的副宰相，不是当年的书生了，说多了让人家不好下台，说少了又达不到目的。

想到这里，寇准又多喝了几杯。

身为老师最得意的门生，又是副相，丁谓自然坐在了寇准的旁边。

这时候，寇准端起桌上的参汤正想喝，没想到胡须一下子浸到了汤里。丁谓赶紧站起来，拿起手帕帮寇准擦拭……

机会来了！

只见寇准一把扯过丁谓的手帕，道："丁大人，您已经是堂堂副相，一言一行都代表着大宋的形象，怎么能为上司溜须呢？"

寇准说这话敲打的意思比较多——大宋的二号人物，对上司毕恭毕敬是可以的，哪怕私下拍个马屁也不为过。但是，在这么多朝臣面前为上司溜须，确实说不过去。

寇准的声音不大，却被身边的人听了去。不知道谁的嗓门大，在座的各位都知道了。

宋人豪迈，不拘小节，况且丁谓素有骂名，现在闻听寇准敲打丁谓，满堂大臣不禁哈哈大笑。

"溜须拍马"这个词立即传播开来。

丁谓站在寇准的旁边，站也不是，坐也不是，不禁满脸通红。他和寇准就这样结下了梁子！

不久，丁谓联合宦官编了寇准一个罪名。

天禧四年（公元1020年），寇准再次被罢相，一月内三次被贬，最终客死离海南咫尺之遥的雷州。

如何才能当好王的女人?

1

宋初,某日午夜。

京城一家著名的酒楼内依旧灯火辉煌。

毕竟是大国盛世,况且宋人豪奢,所以这直径不足四里的地方竟然聚集了大大小小数十家酒楼、酒馆……每至深夜,到处一片莺歌燕舞、歌情称颂之声。

不管是达官显贵,还是外邦使团,抑或是地方巨贾,哪怕是占山草寇,只要来京,都喜欢来这里转转,喝两杯。

在这些酒楼当中,最出名的就是这一家。今晚,这里正在举行一场大型的歌舞表演,演出的主角自然是这里的头牌——刘娥!

刘娥生在四川,出身官宦,后来家道中落,嫁给了一个叫龚美的银匠,一起来到京城做小生意。

刘娥"多材慧,善播鼗",意思是说,刘娥不仅色艺俱佳,而且还会演奏乐器。

京城重地,房价奇高,再加上宋辽两国连年打仗经济下滑,银匠龚美几乎破产,只好把刘娥送到这里"上班"。

没想到,能歌善舞的刘娥就此一炮走红,很快名震京城,每晚慕名前来的各路达官贵人络绎不绝。

现在的龚美也不用去工作了。缺钱了,他就让刘娥去演出几场……

今晚,刘娥的表演很成功。各大豪华包厢、雅座都坐满了人。

虽然如此,坐在台下的龚美却很不自在,甚至连桌上的酒杯都没敢动一下，头上挂满了汗珠。他不住地回头看坐在旁边的一位衣着华丽的年轻人，年轻人乐一下，他就跟着笑两声；年轻人沉默，他也赶紧捂住嘴巴……

终于，刘娥的表演结束了，年轻人也站起来露出满意的笑容。

龚美这才松了口气，弓着身子凑上前去，道："公子，您看怎么样？"

年轻人点了点头，头也不回，转身就走，边走边说："不错。明天送到我府上来！"

……

那个年轻人就是当时的襄王，名叫赵元侃，后改名赵恒，也就是后来的宋真宗！

刘娥的灿烂人生自此开启。

2

又是某夜，月色如洗。

襄王府后面一处隐秘的小院中，一道黑影一闪而过，进入了旁边的小屋。一个女人娇滴滴的声音传来："王爷，今天您好像不大高兴？"

"嗯！"

"所为何事？"

"啊……这个不说也罢！"

"您还把贱妾当外人不成？"

男人这才断断续续道："父皇……父皇他，让我赶你出府！"

"啊！"女人一声惊叫，过了一会儿，继续道，"这是为何？"

"今日入宫，父皇见我神形消瘦就问我原因。不知道我母后从哪里听说的消息，说自你入府以来，我纵情声色……"

"王爷，不必说了。"男人的话还没讲完，女人就打断他，斩钉截铁道，"贱妾明日一早就出府。"

"这如何使得？你让本王有愧啊！"

"王爷，您不必难过。只要能保得您在皇上那里的恩宠，让贱妾做什么都行，何况这点委屈？"过了一会儿，女人继续道："王爷您只需把贱妾安排在管家家里。日后，您想来，贱妾的大门始终为您开着！"

"娥，你受委屈了。本王定不会负你。"

……

刘娥入襄王府年余，被太宗赶出王府，居住在管家张耆家中。公元997年，宋太宗驾崩，真宗即位，迎刘娥入宫，封德妃。

3

这夜，皇宫深处的后宫寝殿内，一个女人的身影在焦急地转来转去。突然，一阵凌乱的脚步声打乱了暗夜的沉静。

一个年轻的小太监怀里抱着一个婴儿闯了进来，他扑通跪倒在女人面前：

"德妃娘娘，李氏生了！"

"男孩？女孩？"

"男孩。"说着，太监把怀里的婴儿举到刘娥的面前……

一入宫门深似海，入宫之后的刘娥过得并不快乐。最主要的原因就是身份问题。

先看看宫里的那些女人都是什么身份：赵恒的大老婆潘氏，那是开国功臣潘美的女儿；二老婆、现在的郭皇后，她的父亲是宣徽南院使，鸿胪寺赫赫有名的大外交家；还有那个受宠日隆的杨氏，祖父、父亲都是大官，就连亲哥也是禁军总司令……

再看看刘娥，歌女出身！

虽然真宗赵恒最喜欢的还是刘娥，但在宫斗如戏的后宫，刘娥可谓受尽冷眼，就连皇帝的专宠她也不敢独占，侍寝没几天就赶紧让给别人；逢年过节有什么赏赐也不敢要；就连身边的太监，她都得好生照应着。

不过，出身市井的经历也并不是毫无用处，人家当年在夜场什么样的男人没伺候过？什么样的心机没见过？就你们几个还想跟刘娥斗？很快，刘娥就联合年轻貌美的"傻白甜"杨贵妃，挤掉了赵恒的其他老婆。从此，赵恒的桌上只剩下刘、杨两人的牌子。

4

宋真宗赵恒虽然拥有后宫佳丽三千，儿子也生了好几个，可是大都体弱多病夭折了。子嗣较少，成了真宗的一块心病。于是，真宗放出话，如果哪个妃子能再为他生个儿子，就会得到晋封。

生儿子，刘娥自己肯定不行。天天侍寝，如果能生早就生了。不过，这也难不倒刘娥——自己不能生，就找个人生呗！

于是，刘娥创造了一个新的名词——代孕！

代孕，是个技术活儿。算好日子后的某夜，皇帝赵恒来到刘娥的宫中就寝。她就自己退下阵来，换上了自己的侍女李氏。

十个月之后，刘娥的付出终于有了收获——李氏成功诞下一名男婴。刘娥把男婴收为己养（没用"狸猫换太子"），真宗为其取名为赵受益。

刘娥有了皇子，遂被封为皇后，真正成了帝国的第一夫人。皇子赵受益后被封太子，改名赵祯，即宋仁宗。

刘娥是如何从歌女上位的？

1

深夜，京城开封的大街上，一道黑影行色匆匆地向前奔去，来人边跑边不住地喘息。再往前走，过了汴河，就是京城最繁华的大街，达官贵人多居于此。

人影绕过可能遇见熟人的地方，直奔大街中心的一处豪宅。

"砰砰砰⋯⋯"来人敲响了豪宅的大门。

门应声而开，人影一闪而入。

"寇公啊，我们必须要有所行动！"来人快步走进大堂，向站在厅堂中心的主人拱手道。

主人转过身，是一位面容清瘦的老人，白衫便服在烛光的映衬下甚是孤子。他让来人坐下，不慌不忙地斟了杯茶，才幽幽道："当今圣上卧病，人事不省，刘后干政与丁谓沆瀣一气，中书内阁形同虚设，我也无能为力啊！"

"寇公此言差矣。以寇公两朝元老的威名，门生故吏遍布朝野，若您能振臂一呼，请太子监国，天下定当云集响应！"来人放下还未喝一口的茶水，急迫地说道。

老人淡淡一笑，坐在座位上，幽怨道："也许我在位时还行。但是现在，皇后假传圣旨已经罢了我的相位。这一切都晚了！"

话音未落，来人猛地站了起来，走到老人面前，小声道："既然太子监国不成，那我们就让太子受禅登基如何？"

闻听此言，老人忙站起身，紧张道："大人说远了，当今皇帝只是抱病，如何能逊位让与太子？况且，现在皇后和丁谓气焰正盛，如何能让他们同意？"

来人看了看周围确定无人后，才低声道："寇公，不必担心。我已经联络了御前侍卫亲军的头领，决定择机出兵包围后宫，逼皇帝逊位，让太子登基。到时候幽皇后，杀奸臣，公复相，若何？"

没想到老人听后并不为之所动，忙摆手道："此事牵涉国本，绝不可施行。兵将一发，必为所患，而且会遗毒后世。"

"寇公，您怎可如此胆小！今天您不起兵，数日后奸臣定要您的性命。"

"不可，不可。"老人依旧坚持。

……

来人看无法说动对方，只好轻叹一声，拂袖而去。

这位老人就是大名鼎鼎的"大宋第一才子"、两朝宰相——寇准。刚才的来人名叫周怀政，当今皇帝宋真宗的贴身太监。

2

自从宋真宗赵恒中风，时而清醒，时而糊涂，朝政自然而然地就落到了皇后刘娥的手里。

现在的刘娥，才是大宋实至名归的掌门人。当时的大宋庙堂上，主要有三股势力：

第一股，是实力最强的，以宰相寇准、李迪为核心的"寇党"；第二股，是以曾被寇准训斥"溜须拍马"的丁谓为首的"丁党"；第三股，就是当年澶渊之战亲入辽营谈判的大外交家曹利用的"枢密派"。

寇准，前朝元老，执掌中枢多年，门生故吏遍布各界。

刘娥总揽朝政，政令都从后宫出了，放着中书内阁的这些老头们干什么？所以，寇准第一个不同意刘娥理政。他甚至偷偷觐见已经卧病在床的真宗，提出了"皇后还政，太子监国"的建议。

丁谓则不同——管他谁控制朝政呢，谁说的话最管用就听谁的。所以，丁谓死抱着刘娥的大腿，与寇准作对。

"枢密派"的曹利用与进士出身的寇准、丁谓这些"学院派"都不同：他年轻时考试不行，靠了父亲的一点儿功劳，荫补了个官，在枢密院当了个临时工，澶渊之战后立了功才转正。寇准和刘皇后、丁谓斗得死去活来，他也不参与，反而两边讨好。最终的结果是，寇党以为曹利用是自己这边的，刘皇后和丁谓也以为曹利用跟自己是一伙儿。

很快，寇准提出的"太子监国"的建议被真宗给否决了。刘皇后趁机假传圣旨，说寇准野心膨胀想立拥立之功，罢了寇准的相位。

寇准失位，皇后擅权，这引起了一个人的强烈不满——真宗的御前宦官周怀政。

周怀政是真宗皇帝最信任的宦官，但是歌女出身的刘娥却与周怀政不对付，经常给他穿小鞋。

所以，当听说皇后刘娥要专权的时候，他决定铤而走险，联合禁军逼宫。这才有了本文开头的那一幕。

很快，他的计划就被掌管军队的曹利用知道了。

曹利用第一时间向皇后和丁谓做了通报，并抓捕了试图发动政变的周怀政等人。

受此连累，刘皇后和丁谓再次矫诏将寇准贬至雷州。大宋真宗时期政坛的最大的一股势力——"寇党"，彻底退出权力的中心。

3

三年后。

雷州郊外的官道上，一辆牛车在慢吞吞地走着。

牛车上坐着一位衣衫单薄的老人，他一面催促赶牛车的人加快速度，一面裹紧了仅有的那件长衫。

正在这时，前方传来哒哒的马蹄声。声音近了，马停在了牛车前。

从马上跳下几名衙役，为首的衙役冲着牛车上的老人揖手，道："大人可是中书丁谓丁大人？"

老人还了个礼，轻声道："正是罪臣丁谓。不知军爷所为何事？"

"丁大人，特奉我家寇准寇大人令，给丁大人送几件衣服，还有这些蔬食。请您收下！"

说着，衙役们把手里的东西放在了牛车上。

"你家寇大人近来身体可好？"丁谓有些凄惨地问道。

"寇大人身体还算康健，勿劳挂念。这是寇大人送给您的信！"

为首的衙役递上一封信，摆摆手，所有人都跳上马，又消失在了官道上。

直到衙役们的身影消失在了远方的暮色里，丁谓这才想起手里的信，展开，上面的文字分明出自座主寇准之手：

多病将经岁，逢迎故不能。
书惟看药录，客只待医僧。
壮志销如雪，幽怀冷似冰。
郡斋风雨后，无睡对寒灯。

丁谓看着那熟悉的笔迹，两行老泪顺着脸颊流了下来，不住地喃喃道："我也不过是她的一个棋子啊！"

4

原来，寇准被贬后，大宋政权实际掌握在了皇后刘娥和宰相丁谓的手里。但是好景不长。刘娥掌权后不久，丁谓就因为勾结宦官、把持朝政被治罪削官、籍没家产，发配海南……

丁谓贬谪海南，路过寇准被贬的雷州，寇准赠予他衣食，却拒绝与其见面。

数年后，掌握军队大权的枢密使曹利用在没有任何罪名的情况下，被削官发配。不久，他自杀于发配途中。

寇、丁、曹三党皆除，已经是太后的刘娥才真正掌握了大宋的所有权柄，"乘玉辂，服衮衣"，真的穿上了龙袍，成了大宋朝廷的女皇！

丁谓：下属的眼泪不能信

1

公元 1020 年，大宋建国正好六十年。

在旁人眼里，这大宋朝的江山正如日中天、蒸蒸日上：南方的那些小藩属国早在太祖、太宗两朝的打击下拱手称臣；北边的辽国也被迫在澶州城外跟大宋签订了"澶渊之盟"，几十年下来，虽然偶尔有点经济摩擦，但并未影响大局；西边的少数民族党项现在还未开化，可以暂时不用理会。

仗不用打了，庙堂上的武官们只好往后站。

大宋朝的文官集团一下子找到了存在感——打仗不行，写篇文章粉饰粉饰太平还是可以的。

在这些人里面，有一个人干得最出色，这个人名叫王曾。

王曾，山东青州人，"少孤"，从小在姐姐家长大。

王曾"善写文章辞赋"，想当年，他参加科考，乡试、会试、殿试都是第一名，也就是三元及第。这可不得了——在一千多年的中国科考史上，只有十三个人连中三元，王曾就是其中之一。

可是，王曾似乎并不在意这个状元身份。

当时，真宗患病，寇准被奸臣丁谓挤出中书省，朝廷的大权都集中到皇后刘娥和丁谓的手里，大宋皇权岌岌可危。

这下，宋朝那些被丁谓冷遇的清流们可不干了，这大宋的天下是谁家的天下？当然是赵家的。你刘娥算什么，充其量是个外戚，丁谓最多也就是赵家的奴才，你说赶我们走我们就走啊？

于是，他们一天到晚地写文章骂丁谓，或者私底下明嘲暗讽，一副与丁谓死磕到底的架势。

可是人家王曾就不这样，反而"事谓甚谨"，就是说王曾待丁谓比以前还恭谨。很快，王曾的付出有了收获——真宗死后，仁宗即位，丁谓成了宰相。丁谓也没忘了经常为自己服务的王状元，不久即举荐王曾当了副宰相。

2

公元 1022 年，宋真宗崩，太子赵祯即位，即宋仁宗。

当时，赵祯只有十三岁，身为太后的刘娥垂帘听政，和宰相丁谓一起控制大宋朝政。

丁谓"奸邪不法"，而且心胸狭窄。想当年，丁谓身为寇准的学生，只因为寇准的一句申斥而怀恨在心。他掌权后，便假传谕旨把真宗的死归咎于寇准，"凡与准善者，尽逐之"。

宰相当久了，再加上有几个王曾这样天天溜须拍马的好下属，丁谓逐渐有些膨胀，居然开始对太后刘娥不满起来：

这大宋朝的江山，从财税金融到官员任免，从应急处理到外交谈判，哪样不是我丁谓在操持，凭什么你一个女人坐在那里什么都不管就能享受百官的山呼朝拜？

每次一想到这里，丁谓就很不爽。

于是，为了彻底控制朝局，丁谓开始联络负责给后宫递奏折的太监雷允恭。雷允恭在送奏折前都会先拿给丁谓看一遍，再送往内廷给刘太后过目，如果丁谓看到对自己不利的奏折就会扣下不发。这还不算，每次开朝会，丁谓都会严格控制大臣们的上奏时间，以防止有人在朝会上告自己的状；散朝后，丁谓也会等所有朝臣都走了，才最后一个离开。这样一来，就彻底切断了大臣跟太后沟通的机会。

对于丁谓的所作所为，大多数朝臣敢怒不敢言，大宋的朝堂上一时居然风平浪静。

丁谓看在眼里，很是满意，他经常拍着副宰相王曾的肩膀高兴地说："王状元啊，你看，其实人跟狗一样，只要让他们吃饱，就不会乱咬的。"

王曾耸耸肩，对着丁谓不住地谄笑，还是丁丞相手段高明，这几年的韩非我是白读了！

王曾人老实，不会说话，但每次拍丁谓的马屁总能拍到点上。所以，丁谓对王曾深信不疑。

但是，王曾这个人也有毛病，就是每次跟丁谓聊到兴头上的时候就会突然神色黯淡，有时候甚至当着丁谓的面抹眼泪。丁谓不止一次地问他原因，王曾就是不肯说。

3

有一天，散朝后，丁谓和王曾一前一后地走出大殿。

丁谓一把扯住走在前面的王曾，问道："王相啊，今天看您朝堂上谈到大宋户籍问题时，一脸神伤，到底所为何事？"

王曾看着丁谓，眼泪居然哗哗地流了下来，他边擦眼泪边说没什么，没什么！这下丁谓更为不解了："没什么？没什么，能让你堂堂副宰相在太后、官家面前流眼泪？"

于是，丁谓抓着王曾的手不放，非得让他说出实情。

王曾见实在躲不过了，才哭哭啼啼地对丁谓说道："丁相啊，您知道，王曾我从小就是个孤儿，是姐姐把我拉扯大的。而我姐姐家是军籍，所以，年轻男子必须去当兵。我姐姐唯一的儿子正在军队中服役受苦，姐姐多次求我帮帮这个外甥，可是我确实无能为力。故此伤心！"

丁谓听完此言，哈哈大笑，道："我还以为是什么大事呢。这个简单啊，你去给太后说明，请太后除了你外甥的军籍不就得了吗？"

王曾露出一脸的为难状，低声道："这不好吧，我堂堂大宋副相，却为了这点小事去求太后，太辱没国家体面了！"

丁谓安慰道："国家体面固然重要，但这也是人之常情。你别犹豫了，明日早朝你就向太后奏明。"

第二日，早朝。

太后和官家该讲的都讲完了，下边的人该听的也都记下来了。丁谓不停地向王曾示意，你快点儿给太后说啊！

可是，王曾看看上边，又看看丁谓，一直等到散朝，愣是一句话没说。散朝后，丁谓拉住王曾，问道："你怎么不说呢？"

"我实在羞于开口。"

"别等了，今天就得去说。现在散朝了，你自己进去给太后说，我在宫门口等你。"丁谓道。

看到实在拗不过，王曾只好勉为其难地进入内廷。

没想到，见到太后和皇帝后，王曾并没有提自己外甥免除军籍的事，而是把丁谓这些年来勾结太监、把持朝政、排斥异己的罪状一一列了出来。

而且，王曾最后还告诫刘太后和皇帝，丁谓此人狡诈，如果再不出手，恐怕大宋江山不保……

此时的丁谓还站在宫门外等着王曾，他左等不来，右等不来，眼看着皇帝、太后吃饭的时间都过了。

突然，他一下子明白了，猛拍大腿道："糟糕，我被王曾给骗了！"

王曾走出皇宫的当天，丁谓即遭罢相，被赶出京城，贬谪海南崖州，不久病逝。

卷四

宋仁宗赵祯（上）

范仲淹：英雄不问出处

1

公元 990 年，雪夜，淄州城外。

一位衣衫褴褛的年轻女子艰难地在雪地上走着，怀里的婴儿不时发出尖锐的哭声。

突然，一个趔趄，女子摔倒在路上，她试着爬了几下，就一动不动了⋯⋯

"姑娘，你醒了？"

不知道过了多久，女子才睁开眼睛，发现自己躺在一张床上，床边站着一位年轻男子。

她下意识地看了看旁边——孩子正在熟睡！

"姑娘，你快把这碗姜汤喝了。昨晚我讲学回来，见你和孩子躺在雪地上人事不省，故才让下人把你带至府中。刚才郎中已经来过了，说你只是偶感风寒，喝点姜汤就好了。"

说着，年轻人递过一碗热气腾腾的姜汤。

女子欠身，向年轻人表示感谢，这才接过碗将姜汤饮下。

看女子的身体稍微恢复了，年轻人才继续道："姑娘这是去访友，还是探亲？等你身体好了，我安排下人送你过去。"

女子这才向年轻人说明经历。

原来，女子也是出身官宦世家，三年前嫁到夫家。没承想，孩子刚刚两岁，家乡就发生了瘟疫，全家除了自己和怀里的孩子外，其他人都死了。自己和难民一起逃难至此，恰又赶上大雪，又冻又饿晕倒在官道上。

听完女子的叙述，年轻人唏嘘不已，叹道："现在国家多难，瘟疫流行，你一个弱女子，带着孩子确实不易。既如此，你就放心地住在我家中。我朱文瀚虽不是大家巨贾，但养你和一个幼子足够了！"

就这样，女子在朱家住了下来。

不久之后，丧偶的朱文瀚迎娶了这名逃难的女子为妻，她带来的孩子也改名叫朱说（yuè）。

2

二十年后，公元 1011 年。

"应天府书院"的大儒戚同文正在家中喝茶。

戚同文，北宋初年著名的教育家，在他手下调教出来的成功学生不计其数，有好几位都已经是大宋的高级官员了。所以，这应天府书院一度成为大宋培养官员的摇篮。

这时候，一名下人走进来，递给戚同文一封信，说门外来了一个年轻人，想拜师求学！

戚同文放下手里的茶杯，从下人手里接过信封，边拆边道："年轻人求学不易，快让他进来吧！"

过了一会儿，一位削瘦的青年在下人的带领下走进屋内。

戚同文放下信，仔细打量了一遍，道："年轻人，你的信我看了，写得很有文采。但是，写文章只有才是不行的，还要务实。戚某一生好钻《礼记》，不知道你对此有什么见解？"

青年拱手，深深一揖，道："早闻先生师承名儒，喜《礼》尤甚。稚子所言恐非独见，先生勿见笑。"

戚同文额首，点头示意青年人继续说下去。

青年人再次躬身，继续道："稚子认为，礼者，仪也；仪者，义也。义无礼则乏善，礼无义则无实。礼之生涩，不在文古，而在义奥。固，稚子认为学礼，应首学义理。"

……

一问一答间，时间不觉已过去半晌。

过了很久，戚同文才对眼前这位侃侃而谈的青年人道："年轻人，你学识渊博，见解独到，足见你平时之用功。你明天就来学馆读书吧！不过，上学前，得告诉我，你叫什么名字？"

青年人难掩欣喜，激动道："学生名叫朱说。"

3

公元 1028 年，宋仁宗天圣六年的一个雨夜。

已经步入中年的朱说顾不上瓢泼大雨，快步向城郊的家中赶去。

早在十三年前，也就是拜在戚同文门下的第五年，朱说就已经金榜题名中了进士，被大宋皇帝任命为地方官员。

经过十三年的宦海沉浮，朱说一步步从一名学生成长为现在的朝廷大员，这其中的酸甜苦辣只有他自己知道！

不过，今晚朱说却把这一切都抛在脑后。因为刚刚下人跑来禀报说，母亲病重，恐不久于世。

朱说这才不顾一切地向家中跑去。

朱说推开母亲卧房的门，年迈的老母亲正躺在病床上。

本已经不省人事的母亲听到儿子的脚步声，缓慢地睁开双眼。朱说抓住母亲的双手，跪倒在床前。

老人这才翕动着早已干瘪的嘴唇，轻声道："儿啊，你终于来了。在我死之前，要告诉你一件事！"

朱说把耳朵靠近老人，老人这才继续道："儿啊，你本名不叫朱说。你出生在苏州，父亲姓范。你的名字叫范仲淹！"

太后要整人，玉清宫"自焚"

1

公元 1029 年，正是宋仁宗天圣七年，作为首都的开封城内起了一场大火。这把火不仅烧毁了前朝真宗皇帝一手打造的玉清昭应宫三千多间房屋，而且烧得整个京城人心惶惶。

大火年年烧。但是，天圣七年的这场大火却烧得很不寻常：

第一，烧的地方不对。这场火灾的发生地是位处京城的玉清昭应宫。

先不说京城是天子脚下，重兵防御之地，每年京城领的打更税钱、防火银子可比地方多多了，发生如此重大的安全事故，确实令开封府的防火部门很没有面子。而且，最主要的是这可是玉清昭应宫。

前朝皇帝宋真宗一生干了两件最值得炫耀的事情，一是在宰相寇准的支持下御驾亲征，打得契丹人被迫签订"澶渊之盟"；二是天降祥瑞"天书"，宋真宗靠着"天书"把自己推上神坛，东封西祀，成为中国历史上最后一个封禅泰山的君主。

玉清昭应宫就是为存放这本伪"天书"而特地修建的。

第二，烧的时机不对。

公元 1029 年，虽然十九岁的宋仁宗赵祯已经登基七年，但是国家的政权还掌握在垂帘听政的刘太后手里。刘太后虽然是歌女出身，但是自从掌握了大宋的政权以来，她就再也没有放开过手里的权力，甚至有几次差点僭号登基称帝，大有前朝武则天女皇的意思。火灾发生的时候，刘太后的生日刚过。前脚刚祭拜完先祖，后脚庙宇就着火了。这可给那些自诩清流的大臣们以口实了，他们又开始说天降灾祸，太后要还政给已经成年的君主才能让上天息怒。

这就不好了，一场普通的大火而已，偏偏要上升到皇权交接的高度。

刘太后是什么人？想当年在酒场做歌女的时候，什么样的人没见过？既然你们要从这个高度谈一场火灾，那我也只好从这个高度整人了！

2

不过，既然有人提出还政，太后也不能装聋作哑，该谦让得谦让，该低姿态得低姿态：“皇儿啊，大臣们说要我还政给你，你意下如何啊？”

此时，宋仁宗赵祯已经当了七年没有任何实权的皇帝，说他不想要权力，那是不可能的。

不过，皇帝当久了，该有的心思还是要有的。于是，赵祯把下面的臣子们都叫来臭骂一顿：“朕现在还有很多东西没学会呢，哪有能力处理朝政？以后谁都不准再提还政之事！”

经他这么一骂，下面的朝臣都老实了，其实大家也都知道皇帝的意思，现在刘太后才是一把手，一把手不放权，官家也没办法，只好骂骂下边的人，做做样子。

经他这么一骂，太后也放心了，大宋这驾马车貌似又正常运转了。不过，事情还没完。

刘太后一边冷笑着翻看那些鼓吹“还政”、不配合自己工作的奏折，一边在心里暗暗记下：宰相王曾居然带头起哄！

3

王曾出生在山东，是宋真宗咸平年间的状元，写作文天下第一。宋真宗死后，首辅宰相、大奸臣丁谓独揽朝政。王曾用计除掉丁谓之后，任宰相兼玉清昭应宫宫使。

《宋史》记载，王曾"资质端厚，眉目如画。平居寡言笑，人莫敢干以私"。

翻译一下就是：王曾不仅是个大帅哥，而且行事稳重，不苟言笑，人们都不敢找他干私活儿。

可正因为王曾的这些特点，使他与刘太后结下了梁子。

真宗死后，太后受册封时，下边一些阿谀逢迎之人打算在大安殿举行太后的册封仪式。

大安殿！相当于后来的乾清宫，是只有皇帝才有资格使用的。你刘太后要用，什么意思？这用脚后跟都能想清楚。

所以，册封方案刚刚出来，王曾就坚决反对，并且不惜在朝堂上大骂制定仪式的礼部尚书。

宰相反对，这事儿只好作罢，最后仪式只好在偏殿举行。

梁子就这么结下了。太后又想趁机整人，身为玉清昭应宫宫使的王曾成为被整的首选目标。

不久，朝廷下旨，王曾玩忽职守，致使玉清宫被焚，被罢免相位，改任青州知州。

宋朝以来，宰相被贬一般会先到地方改任节度使，王曾却一下子被贬为知州，这是史无前例的！

曹利用：骄傲是骄傲者的墓志铭

1

那年，国家多难。

宋真宗赵恒刚即位没多久，北边的老邻居辽国就来寇边。眼看大宋要亡国。最后，真宗皇帝在宰相寇准的坚持下，决定御驾亲征，一下子振奋了宋军士气。后来，真宗钦点枢密院曹利用去契丹军中谈判，双方结下"澶渊之盟"。

就这样，曹利用一下子从一个无名小卒成了宋朝的大功臣。

既然官家欣赏，又立过大功，肯定重点培养。于是，曹利用很快从一个初级鸿胪寺客卿成长为宋朝与辽国谈判舞台上的明星，"契丹遣使来聘，遂命利用迎劳之"。后来，曹利用更是一鼓作气地转到军界，成了大宋军队的一把手——枢密使。人一旦爬得高了，就容易飘飘然。何况曹利用年少得志，一般人更不放在眼里，那股子骄傲劲儿到哪里都掖不住。

有一年，府院相争，一帮文人告发曹利用与宰相勾结。军队统领和宰相勾结，说小了是同流合污；说大了，那是有异志，要造反，这可是大罪。

所以，宋真宗只好把曹利用绑到御前问话。

没想到，曹利用跪在真宗面前不卑不亢："皇上啊，您可别忘了当年国难，到底是谁还在为国尽忠！"

话都说到这里了，真宗的面子也有点儿挂不住。是啊，当年国难，这群文人们都躲着，只有曹利用舍身入敌营；要不是人家，说不定现在自己都成了辽国人的俘虏了。

于是，真宗赵恒嘿嘿一笑，这事就到这里结束了！连皇帝都让着自己，曹利用之后更加不可一世。

2

后来，真宗崩，刘太后掌权，成了宋朝名副其实的统治者。

因为拥戴之功，曹利用再次被提拔，加司空衔，成了大宋最炙手可热的人物之一。

曹利用自从当了这个司空，就没有正眼瞧过那位官位排在自己前面、天下文人的楷模——宰相王曾。

一说到排名，曹利用就很不爽——这些个喜欢掉书袋的文人们呀，个个说的比唱的好听，每天就会拍官家马屁，一到关键时刻却都变成了怂货，他们敢提着脑袋进虏营吗？一看见契丹人跑得比马还快，凭什么让他们排我的前面。

有一次，过节。

按照以往的规矩，大臣们要按照职位的高低去给皇帝请安，而曹利用非要排在宰相王曾前面第一个进去。

这下可难坏了相关部门——让他去吧，人家王宰相心里肯定不高兴；不让他去吧，曹利用的脾气大家都知道，弄不好他敢跟你拼刀子。

万般无奈，负责这块任务的礼部责任人只好找王曾商量。

听完解释，王曾呵呵一笑，对他说："您也不用为难，只需给皇帝汇报说宰相王曾等大臣在外面候着呢！皇帝想先召见谁，就召见谁！"

王曾这个办法，一下子把锅甩给了皇帝，曹利用也没有办法，只好默认。

3

瞧不起大臣也就算了，曹利用居然打心眼里瞧不起刘太后——一介女流，连出身都没弄明白，居然还敢指挥我？！

所以，曹利用对刘太后的蔑视总是时不时地表现出来。上朝的时候，如果刘太后说错话，他甚至用手敲击太后垂帘听政的那个帘子，这让刘太后很不满。

曹利用看不上太后，自然也不会对她身边的狗腿子客气。他抓住那些违法乱纪的太监、外戚们就是一顿板子，即使太后亲自求情也不行，一点也不买太后的账。

别看太后刘娥出身市井，年轻的时候可是长袖善舞。想当年自己一无所有的时候，连太子都能搞定，现在手握皇权，整你一个曹利用还不跟玩似的！

所以，虽然曹利用越来越飞扬跋扈，但是刘太后不仅没有对其进行斥责，反而不停给他加官、封赏，直到有一天……

那天，突然有人密奏：正在军中为将的曹利用的侄子曹汭喝醉了酒，身披黄袍，让下边人呼其万岁！

想当年，太祖赵匡胤就是黄袍加身当的皇帝。所以，在大宋，"黄袍加身"这个字眼是敏感词汇。而现在，曹汭居然敢身披黄袍！

刘太后看完奏折，向密奏的人问道："这件事情只牵涉曹汭吗？"

"是的。奏折上都已写明！"

"是吗？他就没有跟朝中的大臣，尤其是他的至亲，有串联吗？"

"这个……"

"没关系，你再回去调查一下，看看曹汭和朝中的谁联系比较紧密，再重新奏来！"说着，刘太后把奏折扔给来人。

不久，密奏变成了这样：曹汭泼赖，无德无能，倚仗曹利用军中的权势升为将军，醉酒，身披黄袍，让下人称其万岁！

奏折上来之后，刘太后即刻做出了批示：曹汭杖毙，撤销曹利用的一切职务，发配房州。

不久，曹利用在去往房州的路上，自杀而亡。

"八贤王"：谁是现任，谁是前任，一定要分清！

1

公元 1033 年，大宋发生了一件大事：控制大宋朝政长达十一年之久的太后刘娥薨。

刘太后死时留下遗言：晋升自己的好姐妹杨太妃为太后，继续垂帘听政！想当年，宋真宗驾崩，年仅十三岁的赵祯登基成了皇帝，也就是宋仁宗。皇帝年幼，皇太后刘娥垂帘听政，掌控了大宋庙堂，帘子这一垂就是十一年。其间，刘太后穿龙袍、乘龙辇，甚至差点儿仿前朝武则天旧例称皇帝号。

在这十一年里，赵祯谨小慎微、小心翼翼，生怕哪天惹恼了这位刘太后，把自己废了。现在，太后死了，赵祯终于熬成了这偌大国家名副其实的君王。可问题来了——刘太后死时，在大臣面前下严旨，晋封杨太妃为太后，继续垂帘听政。

意思是，自己还得靠边站！

2

赵祯坐在龙椅上，看着脚底下跪着的这些朝臣，心里很不是滋味。

你说不遵太后遗命吧，本朝以孝治天下，太后刚死他就反水，下边这些御史们还不得把他给骂死；要遵守吧，这国家的权力他还得等多少年才能拿到手？

赵祯把文臣武将们都叫来了，搓了搓手，尴尬道："那咱们就议议吧！"

下边的人并不说话。

这也不怨他们。谁都知道官家心里怎么想的，他肯定不想封杨太妃，否则就不用议了，直接遵太后遗命就行。话是这么说，如果谁先提议不封杨太妃，那就是撺掇皇帝不遵后命，是大不孝。根据儒家的规定，让官家不孝，就是让自己陷于不忠。这个大帽子在这里扣着，谁敢说话？

下边的人不说话，赵祯就很被动。心里就骂：这才几十年啊，朝臣们的觉悟就跟太祖那时候差别这么大！想当年，太祖在位时，天大的事儿在酒桌上一说，下边的人呼啦一下就给办了。再看看你们，都说了让你们议议，连朕这点儿意思都猜不透，也不知道当年你们是怎么通过科举上来的。

不过，赵祯十几岁登基，刀光剑影，风里来雨里去，也是见过大场面的，你们不说话是吧，那我就点名：吕夷简，你是宰相，你先说说吧！

吕夷简身子一震，心里不住地嘀咕：我虽然是宰相，您也不能把我架在火上烤啊。

可已经到这份上了，想躲是不可能了。不过，这也难不倒吕夷简，毕竟是从底层摸爬滚打上来的，油滑几十年了，这点儿事还是能应付来的。

于是，吕夷简摸了摸下巴，站出班列，断断续续道："这个嘛，其实立不立太后，这是皇帝您的私事。您想立太后，咱内阁就发文，绝对无条件配合；您不想立，咱就不立，内阁绝不唱反调……"

吕夷简还没说完，赵祯噌地就站起来了：这还用你说，闭嘴吧！

吕夷简摸了摸额头的汗，退下……

赵祯又看了一圈：御史中丞蔡齐，平时就你话多，你说说吧！

蔡齐咂咂嘴，心想话都让老油条吕夷简说完了，看来官家对吕夷简这种模棱两可的回答不满意，自己要再这么说，估计得杀头。算了，豁出去了，现在毕竟赵祯是现任！

于是，蔡齐出列，道："皇上您年富力强，登基逾十年，处理朝政的能力已经完全有了。所以，臣建议，由皇上您直接亲政，别再立个太后过来垂帘了。"赵祯听完嘴角一扬，关键时刻还得靠年轻人，那群老油条真是靠不住。

赵祯心里乐，但脸上依旧不露声色：太后新丧，朕应该遵照她老人家的遗命才是，现在就改弦更张，这不好吧？

赵祯的话还没说完，就听见朝堂外面有人大喊，老臣有话说！

3

赵祯和众臣往外一看，说话的人名叫赵元俨。

赵元俨，宋太宗第八子，人称"八贤王"。元俨"严毅不可犯，天下崇惮之"。意思是说，赵元俨不仅是当今皇帝的叔父，而且为人正直，敢说敢干，庙堂内外都怕他。

赵元俨走进朝堂，赵祯赶紧站起来，迎他进来。

赵元俨在大堂里走了一圈，挨个看了一遍这帮大臣，这才道："'太后'是什么称号？皇帝的母亲才能称'太后'。刘皇嫂称太后已属勉强，难道还要再弄个杨太后来吗？"

被他这一说，大臣们这才回过神来，个个唯唯，一片赞声："还是八王爷说的对，八王爷说的对！"

赵元俨也不理他们。

反而是赵祯摸不着头脑了，问道："皇叔，你说的话是什么意思？什么是刘太后已属勉强？"

赵元俨这才抹了两眼老泪，说道："皇帝啊，老叔对不住你啊，您的生母是刘娥的丫鬟李氏，刘太后和杨太妃只是负责抚养。现在刘太后死了，您决不能再封个太后出来！咱这大宋的王朝姓赵，不姓刘啊，更不能姓杨啊！"

"皇叔，你说的可是真的？"

"千真万确！"

"那你为何不早说？"

"皇帝啊，你不看看当年是谁当道，连我们大宋最敢说话的寇准都被刘娥给整下去了，我出来说不是找死吗！"

赵祯这才恍然大悟，道："明白了，不再封杨太妃为太后了，以后大宋的事情朕自己说了算，散了，散了……"

从此，大宋王朝开启了仁宗时代！

范仲淹：文人也能领兵

1

公元 1042 年，即宋仁宗庆历二年，十月，甘肃庆州（今庆阳）。

庆州是大宋防御西夏骑兵的战略前沿，历来是大宋与西夏争夺的重镇。今天，庆州的宋军大营里正在举行一场重要的军事会议。

会议的主持者，大宋西部防御系统的最高指挥官王沿首先发话："据前方最新战报，定川寨一战，我军派往驰援的数万精兵全军覆没。现在我方除了还有二十万屯兵之外，已经无机动部队可调。接下来，我们该如何应对？希望大家各抒己见。"

原来，就在上个月，大宋的老邻居西夏在首领李元昊的率领下，出兵十万，分两路，进攻大宋。

李元昊此次出兵颇为诡异，他的北路军一直在大宋北部各镇之间转来转去，吸引了宋军近二十万主力部队；而南路军则在李元昊的亲自带领下，一路南下，围攻定川寨。

定川寨在今天的宁夏固原，是宋军西南防线的最主要阵地。所以，在得知李元昊亲自带兵围攻定川后，王沿就派出了宋军主力驰援。

但是，没有想到的是，定川寨之战的宋军总指挥葛怀敏误判形势，弃寨东行，致使定川寨守军万人被西夏骑兵聚歼。

定川寨的失败，使宋军西部精锐尽丧。此战后的百年里，西路宋军再无可进攻的精锐力量，不得不对西夏采取守势。

这次战役也奠定了西夏、辽、宋三足鼎立的局面，史称"定川寨之战"。

2

现在，主帅王沿让大家发表看法，提提意见，一时居然无人应声。

大家都知道，此次定川寨之败，主帅葛怀敏负主要责任。但是，西部战场主力被全歼，说小点，宋军几十年内是不可能再打得过西夏了；说大点，西夏趁机东进，大宋都可能被裂土而治。身为总指挥的王沿，没能及时提醒葛怀敏，是要负连带责任的，弄不好得杀头。

现在王沿让大家提意见，提好了，战局有所转机，功劳是王沿的；说不好，这个大锅就会把自己也一起炖了。

王沿看了看下边站着的各位将军，凄惶地叹了口气，现在西部战局成了这个样子，皇帝杀我的头是板上钉钉的事儿，可是你们能跑得了吗？远的不说，就这李元昊的十万蛮兵，砍起人来个个跟疯子似的，今天围攻定川寨，回头就杀过来了，到时候在座的谁都跑不了……

正在这时，前面一位满面风霜的将军站了起来，一看就是从很远的防区赶过来的。

他回头看了看那些假装埋头冥思的将军们，脸上露出一种轻蔑的笑容，朗声道："王将军，此次敌酋东出，兵分两路，北路军游而不击，我估计这极有可能是一股疑兵，旨在牵制我方北线防御军队；南路军在李元昊的带领下围攻定川，纵横六百里，才是敌人真正的主力。"

听了他的叙述，王沿才如梦初醒，道："范将军所言极是。我就说为什么北方这股敌人既不围城，也不掠地，害得我们的主力跟了他们一个月也没打几场仗。可是现在，敌人已经攻破了南部防线，接下来我们该怎么办呢？"

刚才那位范将军走到地图前，道："如果说前期敌人以南路军为主力，北路军为疑兵，那现在形势就有所变化了。"

接着，他用手指着地图上的一处城池，继续道："接下来，西夏两路大军必将会师一处，合击渭州，然后过汉中，进攻长安。所以，我料定，此次李元昊的目标不仅仅是定川寨，他真正的目标是我们的关中腹地。"

范将军的话犹如一枚石子掉进了平静的湖面，台下安静的局面立刻被打破了。大家清楚，如果真如范将军分析，李元昊并不是打一场秋风就跑回西夏，那么，接下来他极有可能集中两路军队合围渭州，到时候关中、长安等地就岌岌可危了。

关中是什么地方？想当年秦、汉都以此为根据地，夺取中原；随后的唐朝亦定都于长安。

各位将军们开始窃窃私语起来，范将军说的有道理啊！是啊，夏酋李元昊肯定是盯紧了关中这块肥肉。

如果关中失守，我辈项上人头都不保啊……

3

主帅王沿看着台下的众人，挥手示意大家安静，继续道："那依范将军所言，我军接下来该如何应对？"

王沿的这一问才触及了问题的关键——定川寨失守，宋朝西部战区精锐丧失殆尽，剩下的都是各城屯军，根本无力跟西夏再展开大规模作战。

范将军正色道："定川寨一役，我军已经不具备长途奔袭作战的能力。所以，为了保关中、长安不失，我军各城屯兵必须结阵而出，绝不可擅自行动，防止被敌人各个击破。另外，我们需要有一支机动力量，对敌人进行反复袭扰。如此，敌人定不可能在我军防御腹地逗留太久。"

听完陈述，王沿点了点头，道："范将军所言极是。眼下敌军日盛，各城必须联合行动，往相救援，这样可保我西部各城安全。可惜，定川大战后，我军可派出的军队只有不足五千人，不知道哪位将军敢带领这五千人马机动出战，给敌酋以袭扰？"

王沿看了看台下，依旧没有人作声。

谁都知道，李元昊善战，兵锋所至无往不胜，以这五千人对李元昊的十万大军，稍有不慎，将死无葬身之地！

没人搭话。主帅王沿正不知如何是好时，刚才那位范将军走出行列，躬身拜道："末将愿往！"

王沿看了看眼前的这位将军，甚是高兴，道："范将军果然英雄了得。既如此，请立军令状！"

说着，书记官把已经写好的军令状抬了上来。

范将军毫不迟疑，提笔在上面写下自己的名字：范仲淹！

写完，他把笔一扔，扭头大踏步地走出帐外⋯⋯

史载，"九月，夏酋将兵十万，攻定川寨，下。⋯⋯仲淹领五千兵往援之，敌旋走⋯⋯"

晏殊：酒场招婿

1

宋朝人喜欢喝酒。酒喝多了，名堂自然也就多了。

有的人喝酒喜欢去酒馆，这汴河两岸自然少不得灯红酒绿；有的人喜欢攒局，所以在京城各种的茶社、酒肆每天都聚集了各种各样的斥候、捐客；武人喝酒那是大碗直饮，文人喝酒就不能那样了，读书人的臭架子不能丢，谱该摆还是得摆……

故事发生于仁宗初年。

今晚，又是一场酒局，请客的人是大名鼎鼎的范仲淹。

范仲淹号称"文武双全"。武能领兵打仗平定边疆，想当年定川寨之战，范仲淹亲率五千兵抵御西夏十万大军，两军虽未正面接触，但也足以令其一战成名；文有"宁鸣而死，不默而生"等佳句传世。前有欧阳修推荐、后有梅尧臣吹捧，一时，范仲淹成了大宋文人武将的楷模。

范仲淹请客，在座的肯定也都不是白丁：江南帅才梅尧臣来了，文坛领袖欧阳修来了，十四岁就中了进士的大才子、当朝宰相晏殊也来了……

欧阳修和晏殊两人以词著于文坛，并称"晏欧"。

宋人风流，而晏欧两人更甚。想当年，欧阳修还未中第之时，在洛阳当一个小小的师爷，就和主人家的官妓传出了"水精双枕，傍有堕钗横"的绯闻。欧阳修后来更是因为绯闻被赶出京城，去滁州当了"醉翁"。这当然是后话。

晏殊更厉害，十四岁中进士，号称"婉约派"宋词的鼻祖。他十六岁结婚就生了孩子，随后连续换了好几任老婆，生了一堆孩子。在这些孩子里面，有一个是最出名的，就是同样十四岁中第的晏几道。

晏殊因为成名太早，年龄优势明显，这官晋升得也快，很快就当了宰相。当时的才子像欧阳修、范仲淹这些人参加科考的时候，主考官就是晏殊。所以，虽然年龄差不多，但实际上这些人都是晏殊的学生。

2

大家都到齐了，范仲淹举起酒杯，所有人一饮而尽。

范仲淹往旁边主宾的位置上一看——老师晏殊的杯子还没有动。范仲淹躬身对着身边的晏殊低声道："恩师今日似有心事？"

虽然晏殊比自己还小三岁，但是范仲淹一直称晏殊为师。

晏殊这才回过神来，意识到自己的失礼，慌忙把身前的酒杯端起，饮下，抹抹嘴道："希文啊，你知道，我家女儿已到了出阁的年纪，还没有找到婆家。家里夫人催得紧，让我择婿，可我身边哪里有合适的人呢？我正为此犯愁，请多见谅！"

听完晏殊的叙说，范仲淹哈哈大笑，道："我道恩师有何难处，原来就是择婿啊。这有何难！现在桌上不就有一个现成的吗？"

"谁？"晏殊急切道。

范仲淹拿眼斜了斜桌角。

晏殊顺着范仲淹的眼光望去，在桌角坐着一位身材魁梧、一脸坚毅的年轻人。范仲淹还未回答，晏殊就又问道："此人是谁？"

"富弼！"

3

富弼，"少笃学，有大度"。意思是说，富弼从小就专心好学，为人大度。

想当年，范仲淹第一次见到富弼就极为赞赏，于是二人成为形影不离的好友。当时的范仲淹早已经金榜题名，在大宋的政坛上三起三落，功成名就。可富弼那时候还是个举人，正准备参加来年的科举考试。但身份、地位并不影响兄弟俩的感情。为了能让富弼安心读书备考，范仲淹甚至把自己的书房腾出来给富弼用。有时候，富弼需要查资料，范仲淹就自己跑藏书阁、书市、同僚处给富弼找书。

当然，富弼也没让范仲淹失望，很快高中进士。

即便如此，此时的富弼跟已经名满天下的欧阳修、范仲淹等人相比，还是一个名不见经传的小人物，更别说已经身为宰辅的晏殊了。

晏殊看了看一脸严肃的范仲淹，又看了看远处的富弼，依旧有些怀疑道：

"希文真的看好那个富弼？"

"哈哈哈！"范仲淹一阵大笑，继续对晏殊耳语道："恩师请放心，富弼兄乃王佐之才，虽然现在还是蛟翔浅底，日后必出将入相，胜我范仲淹不止百倍。"

"王佐之才，出将入相……"晏殊喃喃道。

他知道，范仲淹素以才名为盛，其才不亚于自己和欧阳修，其能不逊前朝的寇准，能入他法眼的人天底下也不会超过三个，他这么器重富弼，那肯定不会错了。

晏殊稍一犹豫，重重地点了点头："既然希文这么认可富弼，那就选他了。还希望希文兄多加撮合！"

不久，只比晏殊小十三岁的富弼成了当朝宰相的乘龙快婿。

数年后，富弼与范仲淹联合发起了著名的"庆历新政"。再后来，富弼果然被任命为宰相，成了宋朝中期最著名的外交家、政治家。

富弼：谈判不易，到处是戏

1

庆历元年（公元 1041 年），大宋朝出了个大麻烦：西边的李元昊攻破了大宋的西陲重镇宁远寨，一路势如破竹地打到了丰州，大宋朝廷上下一片震惊。后来，多亏范仲淹统率各军，周密部署，严加防范，西夏进军中原的计划才一时没得逞。

北边的契丹也坐不住了，虽然和宋朝自"澶渊之盟"以来每年可以从大宋得岁币三十万，但这点钱跟西夏那个李元昊抢去的没法比。

所以，契丹想趁着大宋自顾不暇之时，敲大宋一次竹杠——派特使萧特末来宋索要关南故地！

关南之地，早在唐朝末年就被石敬瑭割给了契丹。后来，后周皇帝柴荣北伐，本想收回燕云十六州，但是中途染病，不得不撤军。柴荣北伐虽然失利，但后周却得到了关南数州。宋朝建立后，继承了后周的这笔遗产。这才有了契丹要讨回关南之说。

"中原是'礼仪之邦'，既然人家派使节来了，我们也得派一个人去谈谈！"

仁宗坐在朝堂上，一脸怒气地看着台下的臣子们。

这话都说了好几遍了，可是下边这百十号人中居然没有一人响应愿意去的。

尤其这群文人们，诗词都写得不错，和平时期满嘴的忠君爱国、张口闭口的仗剑灭虏，一到让他们冲锋陷阵的时候，个个都是缩头乌龟。

其实，这也不怪大臣们。

跟契丹谈判？

契丹是什么人？一群未开化的胡蛮，谈好了皆大欢喜，谈不好说不定当场就把自己给烹了。

再看看从大宋建国以来，有几个人能跟契丹谈好的？就一个——曹利用。

"澶渊之盟"就是曹利用去谈的，去的时候被寇准骂个狗血喷头。虽然谈得不错，最后还不是被刘太后想了个理由给整死了。前车之鉴在那放着，于是大家都不报名。

没人说话，皇帝很窝火，只好点名："吕夷简，你是当朝宰相，你说派谁去？"

听皇帝叫他，吕夷简只好走出班列，道："契丹乃虎狼之国，既然去谈判，那我们就要找一个有经验、有气节的大臣才行。"仁宗皇帝点点头。

吕夷简看皇帝上钩了，这才继续道："我看全国上下，能胜任此任务的只有一个人。"

满朝文武都竖直了耳朵，心里想着："可别点到我！"

"谁？"皇帝问。

"富弼！"

2

史书有载，"夷简与弼有嫌，计图陷害，因荐弼北行"。

皇帝和满朝文武都不傻，点谁去跟契丹谈判就是把谁架到火上烤。吕丞相这招狠啊，明里是褒奖富弼，其实这是想要他的命啊！

所以，当吕夷简的提议刚出来的时候，立即遭到了很多人的反对，反对的人除了远在西北带兵、富弼的好友范仲淹外，还有当时的文坛领袖欧阳修。

欧阳修还专门写了个奏折递上去，在奏折里他把富弼比作唐朝的颜真卿：皇帝啊，当年颜真卿就是因为出使晓谕叛将李希烈被杀的，我们可不能再把国家栋梁送入虎穴啊！

皇帝看了欧阳修的奏折，淡淡一笑，扔到一边，指着他道："不愧是大文豪，写个奏折还引经据典的。不派富弼去也行，他不去，你去？"

欧阳修便不再多言。

当皇帝的任命诏书送到富弼家的时候，全家人都哭了。

没想到，富弼到了皇宫，跪在仁宗皇帝面前，叩首道："主忧臣辱，臣怎敢爱死？……倘契丹意外苛索，臣当誓死以拒。"

皇帝听了富弼的话，甚是欣慰——人家范仲淹这几个兄弟就是好，要打仗能打仗，要作文能作文，关键时刻还能去谈判。

于是，皇帝道："你尽管去吧，朕和朝中的这些官员们一定会全力支持你的工作的。"

这事就这么定下来了！

3

苏东坡曾评价富弼为人"秉心直谅，操术闳远"，意思是说，富弼为人耿直，权术机谋深远。

也就是说，富弼天生就是个谈判高手。

到了契丹，见了契丹皇帝，富弼开门见山就问："自澶渊之战以来，宋辽已经四十年无战事了，今日却为何来索要关南之地？"

两国都签和平协议了，你们还要这要那的，什么意思？这是有理。

此时的辽国皇帝名叫耶律宗真，是辽国最伟大的皇帝辽圣宗耶律隆绪的长子。耶律宗真虽然有统一天下的大志，但是志大才疏，无力恢复辽国全盛期的辉煌。

听富弼诘问，耶律宗真竟一时不知道如何回答。本来是想着趁西夏与宋西部战事正酣之际，敲宋朝一个大竹杠，索要关南之地的；可是没想到，这个李元昊忒不给力，才打了两场胜仗就被范仲淹给吓怕了，跑回老家去了。

李元昊一跑，耶律宗真谈判的本钱就没了！

可是，既然话都说出去了，也不能就此收手吧，否则，全天下的百姓还不给笑死，这时还是得硬着头皮上。

于是，耶律宗真清了清嗓子，故作镇定地道："这不是你们宋朝违约了嘛。说好的开放边境，你们为什么在雁门关屯兵？为此，我们辽国的大臣们都请求朕发兵南向。朕想着战事不能轻启，而且两国世代交好，这才遣使索要关南地区。如果大宋愿意割地，我们就此打住，否则只好兵戎相见了。"

听完耶律宗真的叙述，富弼哈哈大笑，道："我朝之所以屯兵雁门，实则是在防备西夏李元昊绕道袭扰我后方。屯兵雁门，令李元昊不敢妄动，不仅可以保全宋境百姓，也能防备他们进入契丹境内。我们花了自己的军费，保全了两个国家的边境，辽国上下不思报答我朝，居然以此理由兴兵，岂不被天下人耻笑？"

修军备、布城防，既能守宋境也能保契丹，不向你们要钱就不错了，还想向我们要钱！这叫有据。

富弼继续道："还有一点……"

说到这里，富弼突然打住，不再往下说了。

"还有什么？"耶律宗真问道。

富弼沉思了一会儿，故作疑惑道："还有一点就是，好像辽宋两朝的庙堂风格有些不同。在我们大宋，君臣上下一心，庙堂内外共进退；可是你们辽国好像不同，臣子们貌似只为自己打算，根本不替皇帝着想。"

"噢？"

耶律宗真一时有点儿摸不着头脑，示意他继续说下去。

富弼这才正色，问道："您知道为什么您的臣子催着让您出兵南下吗？"

"为何？"

"想当年澶渊之战，辽国兵败，我朝上下军民皆欲勠力北向，可真宗皇帝为天下苍生计，答应每年给辽国皇室岁币三十万，两国罢兵。可这三十万岁币只给了皇帝您，您的臣子们却没有任何好处。所以，他们才催您发兵。"

富弼喝了口水，继续道："打仗，无非是两种可能。胜了，您用光了国库的钱，大臣大将们得到封赏；败了，您损兵折将，有可能身家都不保，可是臣子们却没有任何损失，无非是换个主子而已！"

耶律宗真听了，不住地点头。

可是索要关南的话都说出去了，总不能富弼说两句话就不要了吧？不要了，全天下的子民还不得笑掉大牙。仗可以打，这面子不能丢！

所以，耶律宗真不好意思地道："哎呀，看来是朕错怪你们了。但这关南原是我们辽国的，希望你们能归还。"

听完辽国皇帝的话，富弼禁不住偷偷暗笑，看来自己的话起作用了。

他不急不忙地说道："这关南地区是前周朝皇帝柴荣取得的，我大宋建国时就已明确关南为我疆域。怎么能划给你们呢？如果非要说前朝故事，那您现在居住的幽州皇城不也是当年我中原唐帝国的幽州府吗？我们是不是也要讨回这燕云十六州啊？"

"这个……"

富弼几句话就把耶律宗真怼得说不出话来了。

富弼一看机会来了，连忙躬身，语气柔软道："我朝考虑贵国地处偏僻，再加上最近几年的经济萧条，财政连年赤字，故愿意增岁币二十万，以助贵国渡过难关。"

关键时刻，给对方一个台阶下，这叫有节。耶律宗真一看有了台阶下，连忙答应。

双方都"尽欢而散"！

4

富弼与辽国进行了艰苦的谈判，历时近一年。

其间，辽国仗着西夏再次攻宋的机会，多次更改谈判条件，甚至提出增岁币、和亲、献金、割地等多个无礼条件，都被富弼一一拒绝。谈判期间，女儿病逝，富弼也没有回家。

后来，次子出生，富弼亦来不及去看。

每次家里来了书信，富弼都不会打开，而是直接烧掉，他对外人说："国事未了，何暇家顾？"

终于，该谈的都谈完了，条件都说好了，接下来就是两国皇帝发国书签字确认了。

富弼返回大宋，亲自向皇帝做工作汇报。

仁宗皇帝很满意，操着一口流利的河南口音对宰相和内阁说："朕说啥来着！富弼肯定不辱使命。吕夷简你马上按照富弼所言起草国书，晚上我签字后，即刻着富弼送往辽国。"

第二天，富弼拿到内阁送来的已经包装好的国书就出发了。

走到半路，富弼突然想到什么，对手下道："我与吕夷简素来不和，国书由他起草。此次斡旋，我富弼出生入死才换来如此有利条件，却没有见到国书。如果国书上所写与我谈的结果有差别，我富弼岂不葬身辽国了？"

想到这里，富弼和手下人赶紧拆开国书的包装，打开一看，果然吕夷简从中做了手脚，内容与谈判结果不符。

富弼二话不说，骑上马即刻返回京城，跪倒在仁宗皇帝面前，悲愤至极道："吕夷简意图陷害，国书所录与谈判结果不符。臣死不足惜，贻误国家，岂非大患？"

仁宗皇帝打开国书，富弼所言果然属实，命人立即把吕夷简叫来！

这时候，富弼的老丈人、副宰相晏殊也听到了消息，忙跑了进来，跪下对皇帝恭敬道："吕夷简身为宰相绝不会以国家大计为儿戏，肯定是他年老眼花记错的。"

富弼听自己的老丈人明显在包庇吕夷简，气不打一处来，吕老头要灭我，你不向着女婿，竟然胳膊肘往外拐，遂大声道："皇上，晏殊奸邪，和吕夷简结党不法，欺骗圣上，应当拉出去砍了！"

仁宗一看这事闹到这个程度了，晏殊还是富弼的岳父，再这样下去还不定出什么乱子呢，赶紧和稀泥道："富爱卿不要着急，现在和辽国的谈判要紧，我立即重新誊写国书，爱卿送往辽国。吕夷简和晏殊的事情，等你谈判回来，朕定会给你一个交代。"

富弼一看皇帝这个态度，也不好再说什么，审看了一遍新国书，匆匆上路了。谈判结束后，富弼连升数级，先是当了资政殿学士（相当于皇帝的贴身秘书），后来接了吕夷简的班，成了大宋历史上最有名的宰相之一！

狄青：戏精们的汴梁"容"不下我

1

宋朝有个人名叫狄青。

狄青"初隶骑御马直"，意思是说，狄青是个玩刀子、混社会的主儿。那年，狄青十六岁。他的大哥在街头砍了人，按宋律，当斩。

狄青熟悉律法，遂谎说，人是他砍的。

当地政府一查户口，这小子还未成年，算了算了，充军吧。狄青就这样入了伍，成了大宋的一名普通士兵。

为了防止因犯越狱，宋朝有个规定，凡是被判刑的人都要黥面——在面部纹上字。所以，当年武松杀人逃跑的时候，不得不留长发、扮行者，以遮挡其面。当然，替兄顶罪的狄青也被黥了面，以至于后世都称其为"黥面将军"。

狄青会打架，"善骑射，选为散直"，逐渐从散兵成长为将军。

别的将军带兵打仗，都是"雄姿英发"，要么亮衣银甲被中军护着，要么披坚执锐傲立城头——这才能显出将军的威武；实在不会打，最起码也得"羽扇纶巾"，站在箭射不到、血洒不到的地方远远看着，范儿该装还得装。

狄青打仗就不这样——他"常为先锋"，"临敌被发，戴铜面具，出入贼中"。

这个画风就比较让人毛骨悚然：打仗的时候，宋军第一个冲出来砍人的是一个长发飘飘、戴铜面具的人。

打了几年仗，狄青砍了不少人。史书上说他"屠咩、岁香、毛奴等族"。

"屠"不是"杀",不是一个一个砍,而是一群一群地灭。

有了战功,狄青逐渐混进了官场,也有了自己的圈子,先是经略判官尹洙,后来就是西部军区司令员韩琦和范仲淹。砍人出身的狄青,文化底子差点儿。韩琦、范仲淹经常给狄青补习,有时候甚至亲自教他《左传》《春秋》这些文化课。

经过韩琦、范仲淹的指点,狄青进步很快,先是被提拔为秦州刺史、泾原路副都总管,后又升至步军副都指挥使、马军副都指挥使,一下子进了京城,成了大宋的高级将领。

那时候的狄青很火,就连仁宗皇帝都时不时地把他请进宫里"诏问方略"。

2

那年,国家有难。

南边有蛮人叛国,称帝,并很快占领越南、广东、广西大片国土,派去的军队也都被打了回来。

仁宗皇帝只好召集大家开会,商量一下谁能带兵出战。宋朝重文轻武,所以,这满朝之上大都是文人。

蛮酋造反,杀人舔血,这些文人想想都瘆得慌。于是,他们都不说话。

宋制"文人授节钺",意思是每次出征当主帅的都必须是文臣。

武将们能冲锋陷阵,能九死一生,能断头沥血,就是不能当主帅。反正主帅是从文臣里面选,自己说了也白搭——所以,武将们也不说话。

仁宗看大家都不说话,心里着急。也别整天文人、武将地划分了,都一个德行。没事的时候,整天"宁为百夫长,胜作一书生"挂在嘴边;现在敌人都欺负到头上来了,也不见你们有人出来挑头。

就在这时候,狄青走出了班列,慷慨道:"臣愿奉旨南讨,生擒贼首。"仁宗看狄青请命,哈哈大笑:"朕就知道,关键时刻还是狄爱卿靠谱。"这事遂定。

于是，仁宗任狄青为帅，即日出征。

3

狄青是个粗人，虽然混到了京城，进了庙堂，但是对京城的那套遮掩腾挪、奔突驰骛并不熟悉。

文人挂帅，早就是大宋的惯例。

"帅"这个帽子，一直是人家文臣的，他们可以不要，甚至可以放到地上踢来踢去，但是你武将不能来拿。

这就是京城的逻辑！每个人都得遵守这个逻辑，否则，你就得付出代价。于是，第二天，"廷议纷纷"。

谏官韩绛首先发难。

谏官这个职业比较特殊，说好听点是让他们给官家提提意见，说难听点就是朝廷花钱养着他们骂人。

韩绛的理由比较直接——"青一武夫，不应专任"。

意思是说，狄青就是个军头，怎么能当军队的主帅呢？

此时，狄青的官职是枢密副使，堂堂大宋军队的二把手；谏官韩绛最多也就是个从八品。

就因为出身不同，为国尽忠半生、身中八处箭伤的狄青却不得不面对韩绛的颐指气使。

仁宗被吵得受不了，只好把这些文臣都召来，问道："要不从你们中选个人出来挂帅，南征岭南，让狄青给你们打下手？"

岭南是什么地方？荒蛮之地，瘴气、瘟疫流行，有命进去，没命出来。这帮文臣你看看我，我看看你，谁也不敢出来接手。

仁宗没办法，说："你们都不愿意去，要不就派个太监挂帅，狄青给太监打下手，总行了吧？"

"帅"这个帽子是给文臣们戴的，武将们不让戴，宦官就能戴吗？所以，仁宗的话还没落，韩绛的前上司、知谏院李兑就站了出来表态：宦官也不能挂帅。仁宗的气不打一处来：你们这群人，自己不敢为国出力，还不让人家狄青干，

连太监也不行。不管怎么样，今天你们必须给朕选出个人来。官家一生气，下边的人就有点儿害怕了。

当然，这里面最害怕的就是文臣们的头儿——宰相庞籍。

庞籍心里明白，朝堂上的这群人都是自己的学生、同僚，谁有多大能耐，他心里门儿清——南征，谁去谁死，让谁去就得罪谁！不过，这难不倒庞籍。

他知道下边这些人最怕什么，他更知道什么话在什么时候说最合适！于是，庞籍站出班列，环顾了一下四周，呵呵一笑。

"我看，还是让狄青挂帅南征吧！什么文臣，什么武将，都是为国尽忠，都是为民除害，为朝廷分忧不分先后！是不是？"

这话要是别人说，估计文臣们能骂死他。

不过，庞籍今天这个节奏和时机把握得好。其他人一听，现在这个节骨眼儿上，头儿把话都说到这里了，谁还敢说个"不"字？

看这架势，谁反对狄青挂帅，谁就得自己去。所以，大家都只好"诺诺"……

于是，狄青挂帅远征。

4

狄青斗嘴不行，打仗还可以。

很快，他就率军平定了南方的叛乱，班师回朝。打了胜仗，皇帝就得给予奖励：提拔，发奖金。奖金好说，大宋朝有的是钱。

提拔这事却不好处理：狄青已经是枢密副使了，军队的二把手，这在

文臣当道的大宋朝已经很难得了。再提拔，可就是枢密使，名副其实的一把手。大宋立国以来，从来没有把这个职位给武将们干过。

所以，当任命狄青为枢密使的圣旨下来的时候，一下子把文臣们给得罪了。这次发难的不再仅仅是个把谏官，而是天下文人的头儿——宰相庞籍。

庞籍泣奏："太祖立祖训，严禁武人掌军。现在皇帝却让武将出身的狄青当了军队的一把手，以后要亡国的！"仁宗不听。

再奏。亦不听。

⋯⋯

庞籍一看，皇帝也不读自己的奏章，只好作罢——既然直接上奏解决不了问题，那就只好玩阴的！

不久，京中盛传狄青养的狗长出两只角，家中经常有异光。这话很快传到了皇帝的耳朵里，遂罢狄青枢密使之职。

大文豪欧阳修继续上书弹劾狄青。这下，狄青在京城也待不下去了。

狄青被"出判陈州"，不久病逝于任所。

那年，被危房砸坍的京城官场

1

大宋定都开封，位处黄河下游。

那年，黄河发大水。水很大，除了皇城周边排水通畅外，京城的其他地方都给淹了。

京畿要地，非高官即巨贾，所以豪宅林立。

这一淹，管你是住在市中心，还是住在郊外，都一样泡了汤。所以，一时京城内外，危房遍地。

这些被淹的宅子里面，就包括枢密使狄青的家。

和文彦博、欧阳修、范仲淹这些出身科举的官场大佬不同，狄青一开始是混社会的，替杀人的大哥顶罪充军。

后来，狄青屡立军功，这才进了庙堂。

大宋施行两府制：财税、盐铁这些内政归中书管，一把手是宰相，官名叫平章事；外交、军务归枢密院负责，一把手是枢密使。

大宋开国皇帝赵匡胤武将掌兵，黄袍加身，得了帝位。所以，从太祖开始，宋朝就实行"重文抑武"的政策，很少让武将当部门的一把手，拥有调兵权的枢密使这个职位更是一直由文官担任。

所以，自从狄青当上这个枢密使以来，各种流言蜚语就从来没断过。尤其是御史台的那群谏官们，逮着机会就说狄青的坏话。

狄青为人"慎密寡言"，他不说话，但心里门儿清，这群文人能言善辩，斗嘴自己肯定不是他们的对手。所以，狄青什么都不说，干好自己的事儿就行了。好在当时的皇帝仁宗没有听信谗言，不管御史谏官们闹得多欢，他总当作没听见。

2

皇帝交办的差事，狄青确实干得不错。官家让狄青去西北打党项人，他二话不说就去了甘肃；官家让狄青去越南平乱，他第一个报名。

那时候的狄青，俨然成了大宋军事的主心骨。有他在，西北的党项人就没敢来大宋打过秋风；南边偶尔有几个人造反，一听狄青要来，呼啦一声都跑没了……于是，狄青每出，"士卒则指目以相矜夸"——全天下的军人都以能当狄青的兵为傲。

那年，仁宗力排众议，拜狄青为枢密使，并且在京城的敦教坊给狄青赐了这处宅子。

敦教坊位于皇宫南侧，紧邻开封著名的旅游胜地——大相国寺。这大相国寺可不是一般的寺庙，宋朝历任皇帝都到此祈福祭拜天地，是大宋最神圣的地方之一。整个京城被水包围，唯有皇宫和这大相国寺地势最高没被淹，足以看出这座寺庙的地位了。

根据京城救灾抢险部门的统一安排，家里被淹的可以择近到周围地势高的地方暂避。狄青自然就和邻居们一起搬到了相国寺里打地铺、支帐篷了。

既然住在了相国寺，狄青偶尔也会到大殿上转转，曰"行止殿上"。

本来这事也没什么，防汛部门的统一安排，也得到了官家的首肯。再说，大相国寺不开门，狄青有十个脑袋他也不敢硬闯。

可令人没想到的是，坏就坏在了这"行止殿上"。

马上就有人给官家写举报信，说狄青不老实，皇帝跪的地方他也敢品头论足，这是大不敬，得杀头。一时"人情颇疑"。

但皇帝依旧我行我素，仍对狄青信任有加。

3

看下边的人告黑状没用，当时的宰相文彦博决定亲自出马。

史载，文彦博"公忠直亮"，有一说一，有二说二，从不拐弯抹角。

他直接给仁宗建议，罢撤狄青的枢密使，让他去地方干个节度使。仁宗不同意，曰："青忠臣也。"

文彦博也不含糊，又搬出赵宋起家的那段黑历史，曰："太祖岂非周世宗忠臣？"

意思很明白：官家啊！您可别忘了您的赵宋是咋来的？什么忠臣不忠臣，大兵们可不认这套。

文彦博这么一说，仁宗就有点摇摆了。是啊，狄青是忠臣，可他手底下那群兵头们不一定是忠兵啊，要是哪天他们也玩一出兵变、兵谏什么的就不好收拾了。

这时候，那个号称"天下文人榜样"的大文豪欧阳修也来了。

欧阳修连上三道奏折，请求罢免狄青，曰："武臣掌国机密而得军情，岂是国家之利？"

欧阳修一带头，就有人来告黑状：狄青家养的狗长出了犄角，院子里经常有奇怪的光。这是上天警示狄青要造反的意思啊，官家得赶紧下手……

不久，皇帝罢狄青枢密使，赶出京城。

次年，狄青卒于陈州，武将在朝廷的势力被连根拔起。

从此，大宋王朝再无能挽江山于既倒的武将任高职，直到后来南宋韩世忠、岳飞的出现，这是后话了。

柳永：我怎么成了"民族罪人"？

1

公元 1003 年，宋真宗咸平六年，杭州。中秋节，西湖岸边灯火辉煌。

杭州自古是江南富庶膏腴之地，虽赶不上京都的物阜民丰，但作为大宋的准一线城市，依旧是说不尽的繁华，举目所及净是青楼画阁，绣户珠帘。自太祖以来，大宋豪奢之风日盛。一到夜间，西湖沿线更是雕车竞逐，宝马争驰，遍地的"黄衫飞白马，日日青楼下"。

在杭州数不尽的青楼里，最出名的是"红袖招"。"红袖招"虽不比京城的那些大的青楼，但也是江南首屈一指的鸦啼莺弄、高唱低吟的好去处。

这里的头牌，是一位名叫楚楚的歌姬。传说这位楚楚，不仅人长得漂亮，歌唱得更是好听，往日慕名前来的客人们总是挤满了大堂内外。

不过，今晚的红袖招却有点清冷。

原来今晚两浙转运使大人要在这里请客，其他客人全都不接待了。眼下，红袖招所有的管事都出来了，整齐地站在门口候着。

这时一名小跑堂一溜烟儿地跑了过来，大喊道："来了，来了，孙大人来了！"跑堂口中的孙大人，名叫孙何。

孙何的名字现在可能不为太多人所熟知，但在当时却是一个炙手可热的人物。孙何，"十岁识音韵，十五能属文，笃学嗜古"。用现在的话说，孙何从小就是个"学霸"。

那年太宗朝科举，"学霸"孙何与后来的宰相丁谓同科考试。孙何高中状元，早已名满天下的丁谓却只考了第四。丁谓不服，告到太宗那里。

太宗打哈哈道："甲乙丙丁嘛，你既然姓丁，给你个第四，也没亏待你啊……"估计那时跪在地上的丁谓心里不知道骂了几百遍——既然甲乙丙丁，就让我考第四，那他孙何姓孙，为啥不名落孙山呢？

从这里可以看出，皇帝对这位孙状元是多么器重。

当然，孙何也没让皇帝失望。太宗、真宗两朝数次破格提拔，很快做到了两浙转运使，成了吴越地区的最高行政长官，名副其实的封疆大吏，而此时的孙何还不到四十岁。

2

夜已经很深了，房内的茶几上堆满了各种酒瓶，一看就知道今晚的客人们都没少喝。

孙何坐在正中，脸上却没有丝毫愉悦的表情。

都知道孙大人十岁识音韵，爱听歌，会唱歌，难道今晚没听够？

气氛一时有些沉重。这时候，一位身材略胖的官员站起来，清了清嗓子，给孙何作揖道："孙大人，下官素闻大人精意音韵，号称'荆州三凤'！就连当今官家宫中的司教坊遇到古韵难解，也要请教孙大人！"

孙何待人一向谦虚，即使是对下属也是恭敬有加。

他忙站起来回礼，举了举手中的酒杯，道："李大人，谬赞了！音律游戏，不过雕虫小技尔，不足挂齿！"

那位微胖的李大人喝掉杯中的酒，擦了擦嘴角，继续作揖道："孙大人过谦了。天下学子谁人不知孙大人状元及第，在京城更是被当今官家视为股肱之臣。自从孙大人以太常礼院士身份来到咱杭州，夙兴夜寐，通宵达旦，把两浙治理得可谓是井井有条，百姓安居乐业。就冲这点，下官给孙大人歌一曲！"

说着，李大人走到筝前，手轻轻抚过，一曲《长安古意》就如流水般淌了出来，唱曰：

长安大道连狭斜，青牛白马七香车。玉辇纵横过主第，金鞭络绎向侯家。龙衔宝盖承朝日，凤吐流苏带晚霞。

⋯⋯

这首《长安古意》出自"初唐四杰"的卢照邻之手，整首诗有六十八句之多，总结为一句话就是：京城真大，有钱人真多，这都多亏了皇帝的英明领导！李大人此时唱这首歌，无疑是以古喻今向孙何示好——两浙能有如此的大好局面，都是孙何的功劳！

孙何何等聪明，岂能不明白其中的道理。

可是，我再政绩斐然，勤政爱民，又有什么用呢？官家不知道啊！官家不知道，我还是无法调回京城，还得在这杭州再待上几年。

古时为官不易，高层领导了解你的机会和渠道很少，除了像寇准、苏轼这些一出山就富绝顶才华的人之外，大部分人即使人品、才能俱佳，兢兢业业一辈子也没有被发现，最后也只好骈死槽枥。

所以，稍有经济基础的官员一般都会豢养一批文人，没事的时候让他们写写文章吹嘘下自己。如果运气好，恰巧被官家看到，朱笔一挥，自己就"平步青云"了。

现在孙何面临的就是这个困境，这几年工作政绩没得说，从上到下一片赞誉；文人也没少养，可这么多年过去了，自己一直没多少名气，甚至不如那个不服气的丁老四混得好。

一曲终了，孙何虽然含笑对早已一头热汗的李大人躬身致谢，但脸色却没有丝毫好转。

3

李大人一曲颇为专业的《长安古意》都没有讨到彩头，其他人更不敢说话了。这时候，一旁的楚楚缓缓地站了起来，抱起旁边的琵琶拨了一下，嘤嘤道："古书曾言'曲有误，周郎顾'。我看咱们孙大人解韵析律的水平不在三国周郎之下。最近奴家特地学了个新曲儿，今天晚上就在众位大人面前献丑了！"

说着，楚楚轻按琴弦，依律而唱：

东南形胜，三吴都会，钱塘自古繁华。烟柳画桥，风帘翠幕，参差十万人家。云树绕堤沙，怒涛卷霜雪，天堑无涯。市列珠玑，户盈罗绮，竞豪奢。

重湖叠巘清嘉，有三秋桂子，十里荷花。羌管弄晴，菱歌泛夜，嬉嬉钓叟莲娃。千骑拥高牙，乘醉听箫鼓，吟赏烟霞。异日图将好景，归去凤池夸。

一首《望海潮》写的可谓大气磅礴，虽然是女子唱出，但依旧气贯如虹。最绝的是，这首词写的是吴越风物、杭州繁华。

余音终了，在座的各位居然一时忘了鼓掌。

尤其是孙何更是惊得站了起来，酒杯里的酒洒在衣服上都浑然不觉。

他口中反复吟唔着词中的新句。他知道，有了这首词，自己进京的事定了！过了很久，他回过神来，仿佛想到什么，于是冲着楚楚问道："敢问姑娘，此词出自何人之手？"

"孙大人的布衣故人，柳七郎。"楚楚娇笑道。

柳七郎，因在家中排行第七，所以称为七郎。他还有个名字叫"柳三变"，后来改名为柳永。

孙何身子一振，双手击掌，大笑道："七郎？我早就猜到只有他柳七郎才有如此才情。"

说着，他转身继续问道："姑娘你是怎么学得七郎此曲的？"

楚楚这才放下手中的琵琶，挽着孙何的臂膀嗔道："柳七郎早就到了杭州。孙大人门卫森严，七郎一介布衣虽与大人是至交，也无法得见，故特意亲自教了奴家此曲，让奴家唱与大人听。"

"什么？你说七郎在杭州？"

"不错。"

"在哪里？"

"就在楼下！"

"那还不快快有请！"

……

第二年，即公元 1004 年，孙何调往京城任宰相，加紫袍。

4

公元 1160 年，金国首都燕京。

虽然已是深夜，但是皇宫内依旧灯火通明。

金国雄主完颜亮坐在宽大的龙案前，指着手里的一部《柳词》问道："张爱卿（仲轲），这江南杭州真如《望海潮》中所言之富庶、繁华？"

"回圣上，这杭州美色历代为天下之首，俗话说'上有天堂、下有苏杭'是也。我北疆朔地燕京岂能与之相比？"

完颜亮抬头看了看前方悬挂的《西湖盛景图》，浅笑着幽幽道："要这么说，朕还真要到杭州去看一看。"说着，完颜亮略一沉吟，提笔在书封上写下：

万里车书尽混同，江南岂有别疆封？
提兵百万西湖上，立马吴山第一峰！

公元 1161 年，金主完颜亮兴兵六十万伐南宋。

据说，柳永就是因为这首拍孙何马屁的《望海潮》，引得完颜亮挥兵南下，被后世文人们称为"民族罪人"！

"奉旨填词柳三变"：风流的最高境界

1

公元 1009 年，大宋真宗年间，正是三年一次的科举年。十年寒窗，一朝中第，鲜衣怒马，看尽长安花。是高居庙堂，还是继续窝在乡下，就看这几天了。所以，大家都很重视，全国各地的学子们都来了。

汴河穿京城而过，南北两岸烟柳画桥，除了各地的歌楼舞馆，最多的就是酒馆、青楼，世人谓之"院街"。一到夜间，各地学子齐聚于此，骑马过斜桥，说不尽的繁华，道不完的风流。

今晚，京城最火的青楼里，一群落第学子们正在这里举行一场盛宴。

既然是青楼，大家又都是年轻人，还一同名落孙山，所以，免不了叫几个姑娘来助兴，时人谓之"狎妓"。

席近过半，酒过半酣。坐在正位的白衣青年站起身，清了清嗓子，举起酒杯宽慰大家道："各位学友，今年有数千学子参加春闱，中第者不过两百，所以大家也不要悲伤。子曰'有朋自远方来，不亦说乎'，我们从五湖四海汇聚于此不容易，我看一定要今朝有酒今朝醉，来来来，干了这一杯！"

说着，举起手中的酒杯，一饮而尽。

席间的学子们亦群情激昂，全都仰首干杯。

正在这时，席下突然传来一声轻叹，接着就看见一名青衫学子站起身，以筷为槌碗为筑，唱曰：

> 落第春相困，无心惜落花。
>
> 荆山归不得，归得亦无家。

这首诗是晚唐诗人郑谷的《闷题》，寥寥数字却道出了落第学子们的无尽愁闷。唱罢，青衫学子举起面前酒壶，咕咚咕咚饮下……

其他人明显被此景感染，每个人都默不作声，戚戚然起来。是呀，前几个月离家之时哪个不是才高八斗、学富五车，哪个不是恃才傲物、敛翼天下。出门时父兄千里相送、冀盼兮兮，母妇挑灯缝衣、泣泪涟涟，现在自己却与金榜无缘，有何面目面对家里的亲人，"归得亦无家"正应此景。

一时大家都沉浸在失意惆怅中，或失声痛哭，或怅然若失，或独饮闷酒……

这时，只听一个爽朗的声音响起："我说各位这是怎么了？古往今来，这么多学子参加科举，又有几人能云台召见，有几人可进这金銮殿？又有什么好伤心的。"

说话者是一俊朗的青年人。语毕，他举起旁边的酒杯，轻嗫一口，狎笑一声，举起身后案上的笔，写下一首《鹤冲天》：

> 黄金榜上，偶失龙头望。明代暂遗贤，如何向。未遂风云便，争不恣狂荡。何须论得丧。才子词人，自是白衣卿相。
>
> 烟花巷陌，依约丹青屏障。幸有意中人，堪寻访。且恁偎红倚翠，风流事、平生畅。青春都一饷。忍把浮名，换了浅斟低唱。

这首词一改盛唐以来落第诗的颓废抑郁，翻译过来就一个字"狂"：虽然没有中第，但这改变不了我天下第一的事实。今天先不管科考成绩，我去找乐子了！

书罢，他提笔落款——"柳三变"。

这名叫"柳三变"的年轻人，就是"婉约派"词人的代表柳永。

2

科考失利后，柳永果然不再在意浮名，一门心思流连于京城的秦楼楚馆，沉溺在烟花柳巷之中。

柳永的父亲曾任监察御史、国子监博士，家境殷实。

但是，逛青楼的成本高昂，家里再有钱，也经不住柳永的夜夜笙歌。很快，柳永发现了一个现实问题——没钱了。

同时，柳永还发现了另外一个问题——逛青楼是会上瘾的！

"钱没有了，饿着；青楼，该逛还是得逛。"这才符合柳永的气质。

于是，柳永只好一面填词挣钱，一面挨饿逛青楼。

这一时期，柳永再也不写那些"白衣卿相"，再也不提"偶失龙头望"了；而是写"酒萦花系"，还有"醉倚芳姿睡"……

终于，柳永的努力没有白费——全国各地大小酒馆、青楼到处都唱着柳永写的词，就连西夏也流传着"凡有井水饮处，即能歌柳词"的说法。青楼的姑娘们也都以柳永为其填词为荣。

这时候，柳永才发现，原来才子风流的最高境界就是——逛青楼不花钱！

3

乾兴元年，即公元 1022 年，真宗崩，仁宗登基，按例开恩科，举行科考。柳永也来了。

这次科考，柳永是有备而来，再加上在京城早已久负盛名，终于进入进士的大名单，只要皇帝朱笔一批，这进士就中了。

大名单送到仁宗那里，仁宗皇帝看到"柳三变"的名字，不禁愕然，问曰："这个就是写《鹤冲天》的那位吗？"

臣下曰："是。"

　　"他那么狂，大宋养不起他。让他去浅斟低唱吧，何必要这浮名！"说着朱笔一挥，仁宗划掉了柳永的名字——柳永再次落榜。

　　这次落榜后，柳永给自己取了个名号——"奉旨填词柳三变"。意思是说，他填词是奉了皇帝的命令，看你们谁还敢跟他抢活儿，以此来表达对皇帝的不满。

　　不过，不满归不满，科考还是得考——直到十多年后，柳永五十岁时，仁宗皇帝才网开一面，让柳永中了进士。

被一堆废纸断送的"庆历新政"

1

公元 1044 年，大宋仁宗皇帝，庆历四年，那一年的冬天出奇的冷。刚进腊月，京城沿街的屋檐上就挂了冰凌子。

虽然天气严寒，但是依旧难挡人们过年的热情，京城各处挂满了红灯笼，到处洋溢着一派盛世气氛。

这也难怪，自从去年仁宗皇帝启用范仲淹、富弼等改革派推动"庆历新政"以来，老百姓的日子好过多了。所以，今年的春节显得格外热闹。

当然，既然是过节，这京城中最热闹的还是各地的"驻京办"。从古至宋，自有首都以来，这"驻京办"就没有闲过。

什么地方酒、土特产，这都是幌子。"驻京办"最主要的作用是打探消息。试想京城里面那些个奔突驰骛、躲闪腾挪，哪个不是在"驻京办"里谈的？大宋立国以来，皇帝深刻认识到这"驻京办"分散在京城各处，除了充当地方窥探朝廷的耳目以外，什么用处都没有。

于是，皇帝出面合并各地驻京机构于一处，由朝廷派人员管理，曰"进奏院"。

虽说"驻京办"合并是合并了，但这请客送礼、人情世故的"优良传统"却没有丢。一到逢年过节，各个衙门的一把手都得给邀请过来吃饭。今年，进奏院刚换的一把手名叫苏舜钦。

苏舜钦有才，却也狂。

多有才？

苏舜钦是宋诗的集大成者，与宋诗的开山鼻祖梅尧臣号称"梅苏"。还没中第那会儿，就被当朝宰相杜衍招为女婿。连后世那个苏东坡都攀关系，说和八竿子打不着的苏舜钦是同宗。

有多狂？

看他的字就能看出来：苏舜钦，字子美。

唐朝也有个诗人字子美，叫杜甫。写诗出身的苏舜钦不可能不知道"诗圣"也取了这个字，他之所以这么做，就因为俩字——不服。

此时的苏舜钦才三十啷当岁，却早就是庙堂内外闻名的"愤青"了。那年庆州沦陷，他写：

> 国家防塞今有谁？官为承制乳臭儿。
> 酣觞大嚼乃事业，何尝识会兵之机？

意思是说，前方这群乳臭未干的小儿，敌人都打到家门口了，还整天顾着自己吃喝，什么时候想过军国大事？

骂多了也没什么用，人家该吃吃该喝喝，谁也没把他的话放在心上，气得苏舜钦恨不得自己上战场，他又写道：

> 予生虽儒家，气欲吞逆羯。
> 斯时不见用，感叹肠胃热。
> 昼卧书册中，梦过玉关阙。

翻译下：别看我是一介文人，要真让我自己打，都比你们强！

看多了地方官吏的巧取豪夺，见惯了军队里的朵颐豪奢，苏舜钦决定和好友范仲淹、富弼他们大干一场——改革。

宋仁宗年富力强，不想看着祖宗的江山到了自己手上给败了。所以，他也想着干一番大事业，曰"欲更张庶事"。

于是，改革派与仁宗一拍即合，干！

公元 1043 年，宋仁宗提拔范仲淹、富弼、韩琦为宰相，开启了改革的大幕。

2

大宋官僚机构庞大，各级官员加起来比老百姓还多。于是，范仲淹、富弼等人的改革首先从"吏治"入手：

曰，"明黜陟"，政绩考核，考不过的收拾行李回家；

曰，"抑侥幸"，抑制恩荫，你爹是当官的，你就干点别的吧；

曰，"精贡举"，减少每年贡士、举人的招收名额，该种地种地，该放牛放牛，别没事都来科考；

曰，"均公田"，降低官员们的年薪待遇。

……

这几招下来，大宋的吏治环境一下子澄清了不少。没有那么多官老爷，老百姓的负担一下子减轻了。

范仲淹再接再厉，又从"经济""军事"等各方面入手，推行了一大拨新的举措。

范仲淹虽然能干，但他也清楚，改革这种东西，一个人干不来。上边得有人提，下边得有人捧。

上边不用说，有仁宗皇帝支持，主要得用好下边的人。

所以，苏舜钦这种有名、有才、有背景、有魄力的"四有新人"，就成了范仲淹的第一批提拔对象，"进集贤殿校理，监进奏院"，成了进奏院的一把手。

3

今年是苏舜钦干一把手的第一年。又赶上过节，根据"传统"，进奏院得祭神，曰"循例"。祭祀这是大事，还得邀请朝廷官员参加，带祭⋯⋯

可是祭祀得花钱啊！钱从哪儿来？

苏舜钦毕竟第一次干一把手，没经验，就问下边的人。下边人对曰："循例用鬻故纸公钱。"

意思是说，还是按传统来，卖公家废纸的钱就够了！

苏舜钦一看既然都是传统，还都是废纸，扔了也白扔，也没多想，就这么干吧！

祭神的那天，进奏院分外热闹。

按说，大过年的上级官员"循例"参加祭祀，也没大问题。但这件事被一个名叫王拱辰的御史中丞知道了。

王拱辰，仁宗天圣八年（公元 1030 年）的状元，为人"颇强直"，是个睚眦必报的主儿。御史们的主要工作就是偷听，抓小辫子，写文章骂人。

去年的"庆历新政"把王拱辰得罪了，这回可让他抓住了机会，可以一网打尽了。

第二天，王拱辰带着手下的御史们轮番进奏，说苏舜钦监守自盗。

一开始，仁宗没当回事儿。这算什么事儿啊，卖点废纸吃个饭也不犯法，其他衙门不都这么搞嘛！

王拱辰继续联络他人，伪造证据，不停上奏。

后来，仁宗招架不住了，遂以"自盗"削苏舜钦为民。苏舜钦不久病逝于苏州，终年四十一岁。

随后，范仲淹被罢相，出知陕西。富弼被免去枢密副使，任职河北。杜衍被免尚书左丞，任兖州知府。

再后，韩琦被免，发往扬州⋯⋯

经此一战，改革派果然被一网打尽，"庆历新政"就此夭折！

曹皇后挽救了北宋

1

那几年，大宋朝廷多难。

虽然西夏李元昊递了降表对宋称臣了，但是小动作从来没有停止过，今天抢你个城，明天夺你个寨。

大宋积弱，对西夏的这种流氓打法毫无对策，只能偶尔派人去谈谈，谈好了少给点钱，谈不好多给点钱。

北边的那个邻居辽国也没闲着，虽然多年前两国签订了互不侵犯协议"澶渊之盟"，但是大家心里都明白——当你强大的时候，那是协议；当你积弱的时候，那就是一张废纸。

仁宗皇帝当政几十年，这些国与国之间的明争暗斗他都明白：不强大就要挨打！

既然这样，摆在大宋面前的只有一条路了：改革。仁宗皇帝毕竟年轻，说干就干。

于是，他拉了范仲淹、富弼几个人搞了场"庆历新政"！改革，就是要把旧的革掉，换上新的。

革掉谁，换上谁，这里面很有文章，一不小心就会得罪人。再加上范仲淹他们几个也是第一次进行改革，没有经验。很快，新政黄了，改革失败了！

"庆历新政"是失败了，但是被新政革掉的人却没有死心：你革掉了我的官，断掉我的财路，那我就要了你的命！这其中就包括一个人——颜秀。

颜秀是大内禁军的头领，史书上没有对他进行过多的描写，只有一句"秀欲反，召卫士，攻禁中"。

意思是说，颜秀要造反，召集了很多人要攻打皇帝的寝宫。

颜秀把造反的时间定在了这年（公元 1048 年）的正月十五元宵节。

2

仁宗皇帝的第二位皇后姓曹，人称曹皇后。

曹皇后的爷爷就是史上号称"宋初第一战将"的大将军曹彬。

曹氏入宫后不久，仁宗就废了原来的皇后郭皇后，封曹氏为皇后。话说元宵节当晚，仁宗和曹皇后已经睡下了。

突然，寝宫外面传来一阵刀枪斧钺的声音——颜秀带兵打进了皇城，眼看着就要攻入寝宫了。

曹皇后从梦中惊醒，忙披衣起床。

仁宗皇帝也赶紧起来，正想出去看看究竟，被曹皇后一把抓住，道："内侍谋变，陛下切勿轻出……"

皇宫内传来兵器的声音，肯定是有禁军造反，他们正赶过来抓您呢，您现在出去不是送上门吗？

曹皇后的话一出，仁宗想想也有道理，连忙钻到了床底下。

仁宗趴在床底，一脸紧张地问曹皇后要不要赶紧召禁军前来救驾？

曹皇后看了看身边那几名太监、宫女，冷静道："现在禁军造反，召禁军来寝宫，风险太大。不如召京城都知王守忠带兵救驾更好。"

仁宗一合计，也对，现在看守皇宫的禁军造反，谁知道哪队禁军是自己这边的，到时候再召一个敌人来岂不完了。

负责防卫工作的是王守忠，平时和禁军没有往来，而且他人手多，叫他来最合适。

于是，仁宗忙命太监携龙符去召王守忠前来救驾。

3

太监去搬救兵，这边曹皇后也不敢闲着。

耳听着杀声逼近，曹皇后忙领着太监、宫女们去门外打水，把院内的水缸都灌满水。然后，关闭宫门。

曹皇后深知"人为财死，鸟为食亡"的道理，都到这个节骨眼儿上了，不是在乎钱的时候。所以，曹皇后把所有太监、宫女聚在厅内，拿出剪刀，让他们把头发各剪掉一绺，道："大家别怕，造反的贼兵不多，王都知马上带兵过来收拾他们。各位好好把守宫门，天亮后，凭着大家剪掉的头发标记，我奏请皇帝给大家发赏！"

太监、宫女们一听这话，可以啊，皇后就是大气，今年过年就靠这笔奖金了。于是，群情振奋，大家都踊跃起来，"齐至门前拒守"。

很快，颜秀带人攻到寝宫外面。

无奈寝宫墙高门严，爬也爬不上去，推也推不开，只好放火烧门。可是，当颜秀的兵刚点着火，就被曹皇后命人给倒水浇灭了。

放火，又浇灭了。再放，再浇……

正在两方相持之时，王守忠带兵杀到。

来人一阵乱砍，造反的颜秀等人很快就给灭了。叛乱平复，曹皇后的名声日隆。